酒店概论

主编 曾 丹 梁 瑜 张 洁

北京理工大学出版社
BEIJING INSTITUTE OF TECHNOLOGY PRESS

版权专有 侵权必究

图书在版编目（CIP）数据

酒店概论 / 曾丹，梁瑜，张洁主编 . —北京：北京理工大学出版社，2019.8
ISBN 978 – 7 – 5682 – 7477 – 7

Ⅰ. ①酒… Ⅱ. ①曾… ②梁… ③张… Ⅲ. ①饭店 – 商业企业管理 Ⅳ. ①F719.2

中国版本图书馆 CIP 数据核字（2019）第 183498 号

出版发行 /	北京理工大学出版社有限责任公司
社　　址 /	北京市海淀区中关村南大街 5 号
邮　　编 /	100081
电　　话 /	（010）68914775（总编室）
	（010）82562903（教材售后服务热线）
	（010）68948351（其他图书服务热线）
网　　址 /	http：//www.bitpress.com.cn
经　　销 /	全国各地新华书店
印　　刷 /	涿州市新华印刷有限公司
开　　本 /	787 毫米 × 1092 毫米　1/16
印　　张 /	11.5
字　　数 /	275 千字
版　　次 /	2019 年 8 月第 1 版　2019 年 8 月第 1 次印刷
定　　价 /	52.00 元

责任编辑 /	李慧智
文案编辑 /	李慧智
责任校对 /	周瑞红
责任印制 /	施胜娟

图书出现印装质量问题，请拨打售后服务热线，本社负责调换

前　言

随着世界经济的不断繁荣，中国旅游产业得到了长足的发展，已成为国民经济的一个重要组成部分。酒店业作为旅游产业的一个重要分支，也在不断发展壮大。

古有客栈，今有酒店，酒店业既古老又年轻。如今的消费者不但对主题酒店、度假酒店有所需求，而且对豪华型酒店、经济型酒店也有所向往，从而推动着酒店业向前跃进，为雄心勃勃的中国酒店人带来了大好机遇。

为适应酒店业和高等教育的发展，针对高等教育院校的教育特点和酒店管理专业的课程特点，我们编写了《酒店概论》一书。本书适合高等院校相关专业教学使用，亦可作为社会从业人士培训、自学参考用书。

本书从酒店行业实际出发，将课程内容划分为现代酒店行业认知、酒店部门服务管理和酒店行业发展趋势三个模块。其中，在酒店部门服务管理项目模块中，又具体划分为前厅部、客房部、餐饮部、康乐部、市场营销部、人力资源部、财务部、工程部和保安部九大部门进行分别介绍。书中不仅介绍了酒店经营管理理论知识，还根据当前酒店业的发展趋势，加入了酒店设计与筹建、酒店常见经营模式、国内外知名酒店集团介绍等丰富内容，体现了较强的专业性和实用性。此外，本书还结合编者在洲际酒店集团顶岗挂职锻炼经历，将酒店先进的经营理念、酒店服务与管理的经验、教学心得和启发呈现给读者。课程学习之后，学生将对酒店运营管理具备全面系统的认识，能够掌握一定的服务技能技巧和经营管理方法，将有助于实习之后立即进入职业角色，胜任酒店管理岗位工作。

参与编写本书的老师均为具备丰富的酒店管理经验的资深专业教师，编写组人员在针对酒店各个部门深度调研的基础之上，凭借科学严谨的工作态度和敬业精神，遵照国家和行业标准，确保了书中内容的完整性、实践性与精准性。为了使教材更贴近行业实际，编写组人员还听取了酒店专家的意见，邀请了大连中远海运洲际酒店副总经理曹宏先生、人力资源部总监马爱民女士作为编写成员，采纳了他们对本教材的许多宝贵建议。

本教材编写的具体分工为：项目一、项目二、项目四由曾丹编写，项目三、项目五、项目六、项目七和项目八由梁瑜编写，项目九至项目十二由张洁编写，曾丹负责全书的总撰和定稿工作。

本书在编写过程中，广泛吸取了国内众多专家的研究成果，编写的主要参考文献附后，书中并未一一注明，在此谨向相关作者表示感谢。由于编者阅历、眼界和编写水平有限，本书若有不足之处，敬请各位专家和广大读者给予批评和指正。我们殷切期望本书内容能够真正贴近读者需求，为您提供有益的借鉴与指导。

编　者

引言

为响应国家加强"双师型"教师队伍建设的号召，为积累实践经验、提升专业水平，曾丹老师于 2017 年 3 月 1 日至 8 月 31 日赴大连中远海运洲际酒店进行了为期 6 个月的企业顶岗挂职锻炼。挂职期间，洲际酒店工作人员精心安排，曾丹老师在酒店行业专家的带领下，针对核心部门进行了系统而深入的体验学习，并与酒店建立了良好的沟通，进一步巩固了校企合作关系。

根据挂职锻炼计划，曾丹老师先后在酒店前厅部、客房部、餐饮部、市场营销部、人力资源部共五个部门开展实践学习，其间，还积极参加了新员工的入职培训、各部门例会和酒店例会等，与酒店总经理、驻店经理、各部门管理层和一线员工进行了多次深入的交流。通过在不同部门的实践操作、观摩学习和沟通交流，曾丹老师对洲际酒店集团的经营理念和企业文化、部门和岗位设置、工作流程和标准、部门日常运营、人才培养需求等方面有了更为深入和全面的认识，学习到了先进的管理经验和实用性强的服务技巧，积累了宝贵的经验和丰富的教学素材，提升了自身的专业技能和职业素养。另外，曾丹老师利用挂职机会，对学院的实习生进行了现场指导和心理辅导，及时协调并解决了学生们遇到的各种问题，陪伴他们度过了初步踏入社会的实习阶段。

总之，挂职培训项目能够让一线教师迅速在酒店积累实操经验并学习到先进的管理理念，了解到如何打造酒店高品质的服务水准，并为课堂教学收集到有价值的素材与最新案例。本次挂职安排是旅游与酒店管理学院与洲际酒店集团英才培养学院项目中一项非常重要的内容，旨在帮助酒店管理专业教师获得最前沿的行业资讯和教学方法，与行业精英们建立关联，激励并启迪一批教师帮助学生在旅游与酒店行业创造似锦前程。

目 录

模块一　现代酒店行业认知 …………………………………………………（1）

　项目一　酒店概述 ……………………………………………………………（3）

　　任务一　了解酒店的含义和功能 …………………………………………（3）

　　任务二　了解酒店的类型与等级 …………………………………………（8）

　　任务三　了解酒店业发展历史 ……………………………………………（11）

　　任务四　了解酒店的组织架构 ……………………………………………（17）

　　任务五　了解酒店的经营模式 ……………………………………………（18）

　　任务六　了解酒店的设计与筹建 …………………………………………（21）

模块二　酒店部门服务管理 …………………………………………………（25）

　项目二　前厅服务与管理 ……………………………………………………（27）

　　任务一　了解前厅部 ………………………………………………………（27）

　　任务二　前台接待与销售 …………………………………………………（31）

　　任务三　礼宾服务与管理 …………………………………………………（36）

　　任务四　总机服务与管理 …………………………………………………（43）

　　任务五　行政楼层管理 ……………………………………………………（45）

　　任务六　宾客关系管理 ……………………………………………………（48）

　　前厅学习小贴士 ……………………………………………………………（50）

　项目三　客房服务与管理 ……………………………………………………（52）

　　任务一　了解客房部 ………………………………………………………（52）

　　任务二　客房部组织机构和岗位设置 ……………………………………（55）

　　任务三　了解客房服务项目 ………………………………………………（63）

　　客房学习小贴士 ……………………………………………………………（70）

　项目四　餐饮服务与管理 ……………………………………………………（71）

  任务一 了解餐饮部 …………………………………………………………（71）
  任务二 餐饮部组织架构和岗位职责 …………………………………（74）
  任务三 餐饮服务技能 …………………………………………………（80）
 餐饮学习小贴士 ……………………………………………………………（83）

项目五 康乐服务与管理 …………………………………………………（84）
  任务一 了解康乐部 …………………………………………………（84）
  任务二 康乐项目分类及岗位要求 ……………………………………（87）
  任务三 康乐经营方式和管理特点 ……………………………………（90）
 康乐学习小贴士 ……………………………………………………………（93）

项目六 酒店市场营销管理 ………………………………………………（94）
  任务一 了解市场营销部 ……………………………………………（94）
  任务二 销售部业务管理 ……………………………………………（94）
  任务三 预订部业务管理 ……………………………………………（96）
  任务四 市场传媒部管理 ……………………………………………（100）
 市场营销管理学习小贴士 …………………………………………………（102）

项目七 酒店人力资源管理 ………………………………………………（104）
  任务一 了解人力资源部 ……………………………………………（104）
  任务二 员工招聘管理 ………………………………………………（104）
  任务三 员工培训管理 ………………………………………………（105）
  任务四 员工绩效管理 ………………………………………………（109）
  任务五 员工激励管理 ………………………………………………（111）
 人力资源管理学习小贴士 …………………………………………………（114）

项目八 酒店财务管理 …………………………………………………（116）
  任务一 了解财务管理 ………………………………………………（116）
  任务二 成本费用管理 ………………………………………………（119）
  任务三 酒店财务分析 ………………………………………………（124）

项目九 酒店工程管理 …………………………………………………（126）
  任务一 了解工程部 …………………………………………………（126）
  任务二 酒店设备管理 ………………………………………………（127）
  任务三 酒店能源管理 ………………………………………………（132）

项目十 酒店安全管理 …………………………………………………（134）
  任务一 了解保安部 …………………………………………………（134）
  任务二 安全常见问题及防范 ………………………………………（134）
  任务三 酒店消防管理 ………………………………………………（137）
 二线部门管理学习小贴士 …………………………………………………（140）

模块三　酒店行业发展趋势 (143)

项目十一　国内外知名酒店集团 (145)
　　任务一　了解美国万豪国际酒店集团 (145)
　　任务二　了解英国希尔顿酒店集团 (147)
　　任务三　了解英国洲际酒店集团 (149)
　　任务四　了解国内知名酒店集团 (151)

项目十二　酒店行业发展趋势 (153)
　　任务一　酒店收益管理及其发展前景展望 (153)
　　任务二　酒店设计装修及其发展趋势展望 (158)
　　任务三　酒店服务管理及其发展趋势展望 (161)

参考文献 (173)

模块一

现代酒店行业认知

现代西方行为学派

酒店概述

学习目标

掌握酒店的含义和功能，酒店的类型和等级；了解酒店业的发展历史；熟悉酒店的组织架构；了解酒店的经营模式、设计与筹建等内容。

任务一 了解酒店的含义和功能

旅游交通、旅行社、旅游酒店是旅游业的三大支柱，酒店业的发展能反映并促进地方经济的发展。现代酒店作为旅游业的主要组成部分，正在发挥越来越重要的作用。酒店的内涵随着客人需要的发展而不断沿革，消费者对现代酒店的功能以及经营管理提出了新的衡量标准，因而酒店的等级标准在逐渐提高，中外酒店竞争格局的变化也带来现代酒店业的不断变革与发展。

一、现代酒店的含义

现代酒店是指向各类旅游者提供食、宿、行、游、娱、购等综合性服务，具有涉外性质的商业性的公共场所。在现代酒店概念中，特别强调综合服务、涉外性质、商业性质和公共场所四个子概念。

（一）综合服务的含义

酒店综合服务的概念表明现代酒店与一般企业不同，酒店提供的产品是多种产品的组合。这些产品既包括有形产品，又包括无形产品；既包括一次性消费产品，又包括多次性、连续性消费产品。综合服务的概念不仅表明酒店产品形式的综合性，而且表明酒店产品在产、供、销方面的综合性；不仅表明酒店在对客人服务中的综合性，而且表明酒店经营管理中的综合性。在酒店的服务管理中经常提到"$100-1=0$"和"$100-1<0$"，这也是现代酒店综合服务含义的一种反映。

（二）涉外性质的含义

涉外性质的概念表明了现代酒店不仅要接待各类国内旅游者，而且要接待各类国际旅游者。酒店的服务管理人员不仅要熟悉酒店所在地政府的方针、政策，而且要了解国际惯例、风俗习惯以及国际交流往来的程序要求；不仅要提供符合本国、本地区旅游者需求的酒店产品，而且要提供满足各类国际旅游者需要的服务与管理。

（三）商业性质的含义

商业性质的概念表明了现代酒店是一个经济实体，它是一个必须要产生经济效益才能生存的企业。它要求酒店的经营管理必须符合市场规律，必须迎合市场的需求和满足市场的需要；要考虑酒店产品的产、供、销环节的衔接，不断改进产品及服务的质量，提高市场竞争力；要遵循经济规律，搞好经济核算，控制成本，提高利润；要面对市场，敢于竞争，善于竞争。

（四）公共场所的含义

公共场所的概念反映了现代酒店是一个社区生活、文化交流、社交活动的中心，它是一个社会公众都可以进入的公共区域。这个概念要求酒店的管理人员要具有安全保卫意识，既要保护酒店财产的安全，又要保护客人的生命、财产安全；既要保护客人的各种利益，又要保障酒店的利益。这个概念要求酒店的经营管理者充分认识和理解"客人"的内涵，既要满足住店客人的需求，又要满足各种进入酒店而非住店客人的需求；既要让住店客人感到酒店的安全、便捷和温馨，又要保证酒店公共场所的良好秩序与形象。

现代酒店是在古代"驿站""客舍"和"客栈"等的基础上，随着人类的进步，社会经济、科学技术、交通通信的发达而发展起来的。现代社会经济的发展，带来世界旅游业的兴旺，酒店业也随着迅速发展起来，而且越来越豪华，越来越现代化。由此可见，现代化的酒店应具备下列条件：

第一，它是一座现代化的、设备完善的高级建筑物。

第二，除了提供舒适的住宿条件之外，还须有各式餐厅，提供高级餐饮。

第三，具有完善的娱乐设施、健身设施和其他服务设施。

第四，在住宿、餐饮、娱乐等方面具有多方面、高水准的服务。

二、现代酒店的特性

酒店作为综合服务企业，首先具有企业的特性，它是一个独立的盈利性经济组织，除了具备经营上的自主性、组织上的完整性、经济上的独立性及对外关系上的法人地位等基本条件之外，还有着与其他企业不同的特点，其经营活动要受到下列几个特性的制约：

（一）高成本

酒店既是资本密集型企业，又是劳动密集型企业。酒店不仅初期投资大，而且形成很高的固定成本。因此，要达到收支平衡，需要很高的客房出租率。现代酒店要努力提高自身的经营能力，才能提高经济效益。

（二）服务性

酒店是以提供劳务为主的服务性企业。通常所说的酒店产品，是酒店有形的设施设备与无形的劳务服务的有机结合，其中以劳务服务为主，设施设备为辅。酒店的经营活动是以租让酒店设施的使用权的形式进行的，消费者只是在一定的时间和空间内购得有形设施的临时使用权，却不能购得有形设施产品的所有权。酒店产品中的实物部分，实际上只起着促进服务消费的作用，习惯上被看作"助销产品"。因此，从本质上讲，酒店生产和销售主要的是无形的服务产品。服务产品具有如下特性：无形性、生产与消费的同步性、价值的不易保存性、空间的不可转移性、销量的季节波动性以及质量的不稳定性等。酒店要针对自身服务性的特点，努力提高对客户的服务能力，提高客人的满意度，增加经济效益与社会效益。

（三）综合性

酒店是一个具有综合功能的企业。现代酒店不仅要满足顾客的住宿和饮食的基本需求，还必须同时满足不同客人的多种消费需求，如商务、公务、会议、度假、文秘、通信、健身、娱乐、购物、货币兑换、票务、委托代办等。因而，酒店必须配备相关的设施并提供相应的服务。综合服务已成为酒店间竞争的重要手段，酒店的功能越完备，就越能满足客人多样化的需求，获得更多的客源。当然最重要的是酒店能够根据自身客源市场的特点和需求，提供有针对性的综合服务。

（四）享受性

酒店应该能够满足客人生存、发展和享受的需求。随着人们经济水平的提高和对生活要求的改变，酒店所能满足客人的更应该是享受性产品，这是现代消费的必然需求，也是与一般商品和服务的主要区别所在。

（五）文化性

探求异地文化是旅游者的一项共同需求。酒店作为旅游者在旅游过程中的居留场所，不仅是客人的物质消费场所，而且是客人感受异地文化的精神消费场所。酒店应积极营造良好的文化氛围，要倡导主流文化、健康文化、民族文化、特色文化；通过外在的、有形的店景文化和内在的企业文化的建设，丰富酒店的文化内涵，使酒店劳务活动升华为一门服务艺术，把酒店服务产品中的使用功能价值，推进到具有文化附加值的新境界，使客人在丰富多彩的酒店文化氛围中感受到精神的享受和愉悦。

三、现代酒店的功能

酒店的功能是指酒店为满足宾客的需求而提供的服务所发挥的效用。酒店最基本、最传统的功能就是向宾客提供住宿和餐饮。由于客源及其需求的变化，现代酒店的功能已较传统的酒店时期有了很大的发展，其功能日益多样化。随着人类社会的发展，酒店已成为具有向客人提供住宿、餐饮、购物、娱乐、健身、商务等诸多功能的综合服务企业，它是旅游供给的基本构成要素之一。现代酒店的作用主要体现在下列六个方面：

（一）住宿功能

酒店为游客提供多种客房（标准间、单人间、商务间、套房等），包括床位、卫生间和其他生活设施等，以清洁、舒适的环境和热情、周到的服务，使顾客在旅途中得到很大的便利和很好的休息，获得"宾至如归"的感受。现在很多酒店比较注重床的舒适度，尽量使客人能够很好地休息，使客人的身心得到放松。

（二）餐饮功能

酒店一般设有不同的餐厅，以精美的菜式、良好的环境、可靠的卫生条件和规范的服务，向宾客提供餐饮服务。酒店的餐厅有宴会厅、风味餐厅、自助餐厅、西餐厅、咖啡厅等，提供各种点菜、小吃、饮料以及酒席、宴会等多种形式的餐饮服务。

（三）商务功能

商务型酒店为商务旅游者从事商务活动提供各种方便快捷的服务。酒店设置商务中心、商务楼层、商务会议室与洽谈室等，提供宽带上网、打字、传真和国际、国内直拨电话等现代通信设施及配置。当今更出现了客房商务化的趋势，商务办公桌、护眼台灯、传真打印一体机、两条以上的电话线、互联网 Internet 接口等，都已经安装。有的酒店还提供秘书服务、会议记录等，有的酒店还在发展电子会议设备，设有为各种联络所需要的终端。先进的酒店通过高科技手段而更加智能化、信息化，从而使商务客人的需求得到更大的满足。

（四）家居功能

酒店是客人的"家外之家"，应努力营造"家"的气氛，使酒店的客人感到像在家里一样安全、亲切、舒适。尤其是公寓式酒店，具有更浓厚的生活住宿氛围，主要为长住客服务，价格实惠，自助生活设施齐全，一般设有自助厨房、自助洗衣房等，给予客人家的方便与温馨感，家居功能尤为典型。

（五）度假功能

随着旅游度假市场的兴起和不断发展，对度假酒店的需求日益增长。度假酒店一般位于风景秀丽、环境优美、气候适宜的风景区或度假区，通常注重提供家庭式环境，客房能适应家庭度假、几代人度假以及独身度假的需要，有很齐全的娱乐设施，可以游泳、垂钓、划船、爬山等。著名的旅游胜地、风景名胜区的酒店都具有度假功能，例如巴厘岛、马尔代夫、夏威夷和加勒比海地区的酒店，绝大多数属度假酒店。

（六）会议功能

酒店可为各种从事商业、贸易展览、学习考察的客人提供会议、住宿、膳食和其他相关的设施与服务。酒店内有大小规格不等的会议室、谈判室、演讲厅、展览厅，为客人人数不等的会议提供合适的场所。会议室、谈判室都有良好的隔板装置和隔音装置，并能提供多种语言的同声翻译服务，有的酒店还可以举行电视电话会议。此外，酒店还具有娱乐健身、通信和信息集散、文化服务、商业购物服务等功能。可见，现代酒店已不仅仅是住宿产业，而是为旅游提供多种服务、具备多种功能的生活产业。

四、现代酒店的作用

酒店业的发展促进了社会消费方式和消费结构的发展变化。酒店向所在地的居民提供活动的场所，无疑会带来当地消费观念的变化和消费行为的改变，有利于社会经济的发展。酒店作为旅游业的重要支柱，在旅游乃至整个国民经济中占有重要的地位。

（一）酒店是所在城市、地区对外交往、社会活动的中心

酒店为旅游者提供住宿、饮食、商务、购物、健康、娱乐、社交等方面的综合服务，成为旅游者的"家外之家"，它是旅游者在旅游目的地从事旅游活动的重要基地。没有酒店提供的服务保障，旅游者的旅游活动将难以持续。因而，酒店已成为现代化旅游投宿的物质承担者，它是反映一个国家或地区旅游接待能力的重要标志。

（二）酒店促进旅游业发展，创汇创收，增加地方财政收入

酒店作为旅游业经营活动的基本必备设施，是创造旅游收入的重要部门。酒店通过生产和销售酒店产品而获取收益，其收入在旅游业收入中往往占一半以上。特别是旅游酒店，通过接待以外汇结算的海外旅游者，可以获得大量的外汇收入，从而对促进国家或地区经济建设有着重要的作用。

（三）酒店的兴建与经营为社会创造大量直接与间接就业机会

酒店能为社会创造直接和间接就业的机会。一方面，酒店是劳动密集型企业，需要大量的管理人员和服务人员。按我国目前酒店的人员配备状况，平均每间客房配备1至2人，若新建一座200间客房的酒店，将创造300至400个直接就业机会。同时，酒店运转离不开其他行业的支持，酒店要建设、购买设备等，这样，酒店又能为其他相关行业，如酒店建筑与设备、物品的生产和供应行业提供大量的间接就业机会。根据国际统计资料和我国近年来的实践经验，高档酒店每增加一个房间，可以直接和间接为5至7人提供就业机会；中低档酒店每增加一个房间，则可以为4至5人提供就业机会。

（四）酒店促进社会消费方式和消费结构的发展与革新

酒店不但为旅客提供服务，也为所在地的居民提供活动的场所，如酒店的餐饮、娱乐等设施会吸引当地居民，使之成为当地社交活动的中心。利用酒店为客人提供的服务项目将越来越多，必然会促进人们的消费方式和消费结构发生变化，也有利于社会经济的发展和科技文化的交流。

（五）酒店带动相关行业的发展，为所在地区带来经济收益

据有关资料统计，一位酒店住客开支的近60%花费在酒店以外的行业，而且住客在酒店消费的物品大多也是社会其他相关行业提供的。因此，酒店业的发展也刺激带动了其他行业的发展，如建筑业、装修业、设备制造业、轻工业、食品加工业等，对活跃国民经济起到很大的促进作用。

（六）酒店的发展水平是旅游业发展水平和社会经济发达程度的标志

酒店的发展水平标志着接待国旅游业的发展水平，也反映了一个国家国民经济发展水平及其社会的文明程度。旅游酒店的设施完善与否、设备管理水平的高低和服务质量的优劣，

不仅影响着旅游者的经历,同时还影响着他对一个地区,乃至一个国家的总体形象的评判。酒店业的发展会给当地社会的政治、经济、文化诸方面的发展带来重要影响,会刺激、促进和活跃当地社会的对外交往、经济发展和文化交流。

任务二　了解酒店的类型与等级

一、现代酒店的类型

根据某些特定标准对酒店进行分类:一是有利于顾客选择;二是有利于酒店的市场营销;三是便于同行业的比较。从实际出发,我们通常按照酒店的服务对象或所有制不同进行分类。

(一)根据酒店市场及宾客特点分类

根据酒店特征及其服务对象的特点,一般把酒店分为商务型酒店、度假型酒店、长住型酒店、会议型酒店和汽车酒店等。

1. 商务型酒店(commercial hotels)

商务型酒店也称暂住型酒店(transient hotels),此类酒店多位于城市的中心地区,接待商务客人、旅游客人及因各种原因做短暂逗留的其他客人。这类酒店适应性广,在酒店业中占的比例较大。此类酒店为适应细分市场的需求,也分为各种等级。其中,等级较高、以接待商务客人为主的酒店一般比较豪华、舒适,服务设施齐备,交通及通信便利,通常设有商务中心、各类会议厅室、宴会厅等,还设有商务套房及行政楼层。这类酒店的客人在酒店平均逗留期较短、流动量较大,酒店的服务及设施配备的适应性较广,希望酒店有较好的为商务客人提供服务的设备和人员,较好的商务中心配置。近年来,随着商务客人的增加,商务型酒店兴建得较多,有的条件不够的酒店为了满足日益增多的商务客人的需求,专门开设了商务楼层。商务楼层的客房面积较大,要求有专门的电脑宽带接口,在楼层设有商务中心专门为入住商务楼层的客人提供服务。客人还可以直接在楼层办理入住登记和结账离店的手续。有的酒店还在楼层专门设有酒廊,客人可以在指定的时间免费饮用。

2. 度假型酒店(resort hotels)

度假型酒店传统上以接待游乐、度假的宾客为主。此类酒店多位于海滨、山区、温泉、海岛、森林等旅游胜地。度假区开辟有各种娱乐体育项目,如滑雪、骑马、狩猎、垂钓、划船、潜水、冲浪、高尔夫球、网球等活动来吸引客人,因此这些度假地区及活动的吸引力是一个度假型酒店成功的关键。疗养型酒店亦属此类。近年来,在许多酒店业发达的国家,已出现度假型与商务型相结合的酒店,在酒店里要增设商务会议设施,同时,还出现了很多分时度假型酒店。分时度假型酒店是指通过分时度假企业将酒店或度假村单户房间的使用权出售给消费者的酒店,消费者购买产品后即成为其会员,可在一年内的特定时间段(如一周、半个月等)前去入住消费,并可通过酒店或度假村加入的交换系统与其他会员之间进行平等的产品交换。对于消费者来说,分时度假是一种新型的旅游度假方式,而对于企业来说,它是一种新型的营销方式。

3. 长住型酒店（resident hotels）

长住型酒店也称为公寓型酒店（Apartment Hotels）。此类酒店一般采用公寓式建筑的造型，适合住宿期较长、在当地短期工作或休假的客人或家庭居住。长住型酒店的设施及管理较其他类型的酒店简单，酒店一般只提供住宿服务，并根据客人的需要提供餐饮及其他辅助性服务。长住型酒店与宾客之间有着一种不同于其他类型酒店与宾客间的法律关系，这类酒店与宾客通常需要签订一个租约，确定租赁的法律关系。长住型酒店的建筑布局与公寓相似但又有区别，客房多采用家庭式布局，以套房为主，配备适合宾客长住的家具和电器设备，通常都有厨房设备供宾客自理饮食。这类酒店一般只提供住宿、饮食等基本服务，但服务讲究家庭式气氛，特点是亲切、周到、针对性强。酒店的组织、设施、管理较其他类型相对简单。

从发展趋势看，长住型酒店一是向豪华型发展，服务设施和服务项目日趋完备，如我国不少大城市中出现的高档酒店式公寓；二是分单元向客人出售产权，成为提供酒店服务的共管式公寓（condominium），不少酒店还实行定时分享制（Time-Sharing-System），与其他地方的相同类型设施的所有者交换使用。

4. 会议型酒店（convention hotels）

会议型酒店的主要接待对象是各种会议团体。会议宾客平均消费一般高于度假客人。会议型酒店通常设在大都市和政治、经济中心或交通方便的游览胜地，酒店设置足够数量的多种规格的会议厅或多功能厅，其中多功能厅可以根据需要用作舞厅或宴会厅，有的酒店还设展览厅。会议酒店除应具备相应的住宿和餐饮设施以外，还具备会议设备，如投影仪、录放像设备、扩音设备、先进的通信、视听设备，接待国际会议的酒店要求具备同声传译装置。酒店一般都配备工作人员，帮助会议组织者协调和组织会议的各种事宜。

5. 汽车酒店（motor hotels 或 motels）

汽车酒店常见于欧美国家公路干线上。早期此类酒店设施简单，规模较小，有相当一部分仅有客房而无餐厅、酒吧，以接待驾车旅行者投宿为主。现在，有的汽车酒店不仅设施方面大有改善，且趋向豪华，多数可提供现代化的综合服务。美国的假日酒店集团、华美达酒店集团、霍华德·约翰逊集团等均拥有大量的汽车酒店。

（二）按所有制形式的不同划分

我国现代酒店业的发展历史不长，但自开始实行改革开放政策以来，无论是行业规模、设施质量、经营观念还是管理水平，都已取得了较快的发展。在发展现代酒店业的过程中，改变了过去全部由国家投资的状况，为满足不断发展的国际旅游业和商务的需要，我国采取多渠道的集资形式，利用国家资金、集体资金和引进外资等，改建、扩建和兴建了大批现代化、不同档次的酒店。根据所有制形式，酒店可以分为全民（国有）酒店、集体所有酒店、合资酒店、外资酒店、酒店联合体、个体酒店（私有酒店）等。

此外，酒店还有其他标准的分类方法。比如，根据具体地点，酒店可以分为游览地酒店、城市酒店、过境酒店、机场酒店、车站或码头酒店等类型。根据营业时间，酒店又有全年性营业酒店和季节性营业酒店之分等。

二、现代酒店的等级

酒店等级是指一家酒店的豪华程度、设施设备水平、服务范围、服务质量等方面所反映出的级别与水准。不少国家和地区,通常根据酒店的位置、环境、设施、服务等情况,按照一定的标准和要求对酒店进行分级,并用某种标志表示出来,在酒店显著的地方公之于众,即酒店的等级或等级制度。

(一) 酒店划分等级的目的

1. 保护客人的利益

酒店的等级标志本身是对酒店设施与服务质量的一种鉴定与保证。对酒店进行分级,可使客人在预定或使用之前,对酒店有一定的了解,并根据自己的要求和消费能力进行选择。对酒店进行定级可以有效地指导客人选择酒店,为其提供物有所值的服务,保障他们的利益。

2. 便于行业的管理

酒店企业的服务水平和管理水平,对消费者及所在国家和地区的形象与利益,均有重要的影响。许多国家的政府机构或其他行业组织,都将颁布和实施酒店等级制度作为行业管理与行业规范的一种手段。利用酒店的定级,对酒店的经营和管理进行监督,能够使酒店将公众利益和社会利益结合在一起。

3. 促进酒店业的发展

酒店的等级,从经营的角度看,也是一种促销手段,有利于明确酒店的市场定位,并针对目标市场更好地展示酒店的产品和形象,同时也有利于同行之间平等、公平地竞争,可促进不同等级的酒店不断完善服务设施和服务质量,提高管理水平,维护酒店的信誉。对接待国际旅游者的酒店来说,也便于进行国际比较,促进酒店业的不断发展。

4. 增强员工的责任感

通过分级定级,动员酒店全体员工参与,促使员工增强争级、保级或升级的责任感,激发员工工作热情。定级或升级的成功还可增强员工荣誉感和自豪感,从而可增强酒店的凝聚力和竞争力,有利于酒店获得持续发展的内在动力。

(二) 酒店的分级方法

分级制度目前在世界上已较为广泛,尤其在欧洲更为普遍。酒店等级的划分是一件十分严肃和重要的事情,一般由国家政府或权威的机构做出评定,但不同的国家评定酒店的机构不完全一样。国外比较多的是国家政府部门和酒店企业或旅游业的协会共同评定,也有一些地方由几个国家的酒店协会联合制定统一的标准,共同评定。

酒店等级划分有两种客观的方法,一种方法是用平均房价来衡量,而另一种则是世界通用的等级评定标准。全世界有 100 种等级评定系统,不同的国家和地区采用的等级标准不同,用以表示级别的标志与名称也不一样。目前,世界上通用的酒店等级制度与表示方法主要为星级制,具体如下:

星级制是把酒店根据一定的标准分成不同的等级,分别用星号表示出来,以区别其等级的制度。比较流行的是五星级别,星越多,等级越高。一般来说,五星级酒店属于豪华酒店或超豪华酒店；四星级属于上等酒店亦称一流酒店；三星级为中档或中高档酒店；二星级为一般等级或称中低档的酒店；一星级为低档亦称经济等级的酒店。这种星级制在世界上，尤其是欧洲，采用得最为广泛。我国的文化和旅游部也采用此种分级方法。

【课堂充电】

美国酒店星级标准

美国五星级评定的重要标准是清洁程度、维护状况、家具和具体陈设的质量、服务以及所提供设施的豪华程度。

★

一星级酒店，应当清洁、舒适，其价格同地区内其他酒店相比要物有所值。如果低于平均价格，它们除一颗星外，还会得到一个表示价格从优的钩形符号。它们提供的服务范围最小，可能会没有24小时的前台和电话服务，可能会没有餐厅，也没有豪华家具。客房维护良好，礼貌待客。

★★

二星级酒店，提供的服务会多于一星级酒店，包括以下一些内容（不一定是全部）：质量较好的家具，较大的卧室，酒店内设有餐厅和游泳池，所有客房备有彩电、直拨电话，提供客房送餐服务。通常谈不上豪华，而清洁和舒适则是必备的。

★★★

三星级酒店，包括以上提到的所有设施和服务。如果有所欠缺的酒店得到了三颗星，就意味着其他某些方面会很出色。三星级酒店，应当为每一位客人提供一次非常愉快的旅行经历。

★★★★

四星级酒店，在酒店中的比例很小（不到2%），因此它们无愧于"出类拔萃"的描述。卧室大于一般酒店卧室，家具高档，提供所有重要的附加服务。员工训练有素、礼貌待客，尽量使客人愉快。由于质量标准高，价格通常也高于一般的酒店。入住四星级酒店应当成为令人难忘的记忆。如果有顾客投诉，无论酒店豪华程度如何，都不能被授予四颗星或五颗星。

★★★★★

为数不多的五星等级，属于舒适和服务档次高于"全国最佳酒店"的酒店。必须有上等餐厅，虽然其档次可能低于住宿档次。一日两次的清洁卫生服务是这类酒店的服务标准。大厅应优雅漂亮，通常用古董作为家具陈设。如果建筑物周围有庭院，则必须进行精心的修饰和美化，要让每一位客人感到自己是酒店的贵宾。

还有一些等级分类方法，如字母表示法、数字表示法、价格表示法或以类代等，即用酒店的类别代替等级，并用文字表示出来，但这种等级划分有时比较模糊，并不常用。

任务三　了解酒店业发展历史

一、世界酒店业的发展历程

人类的旅行活动自古有之，为旅行者提供食宿的住宿设施也有了漫长的历史。据说，住宿设施在古希腊和古罗马时代就已出现,世界酒店业大体经历了古代客栈时期、大酒店时期、商业酒店时期和现代新型酒店时期四个发展阶段。

(一) 古代客栈时期

货币的出现,促进了商业的发展;商业活动的开展,增加了对食宿设施的需求。从埃及古墓挖掘出的图画中,可以看到将游客安顿在现代称之为酒店、宾馆的客栈里的情景。曾以"以眼还眼,以牙还牙"格言而闻名于世的巴比伦国王汉穆拉比(Hammurabi)对当时巴比伦的客栈的质量和管理十分关注,他甚至为这些客栈制定了详细的规定,其中包括禁止饮料掺假。在庞贝古城的出土文物中,发现了几千年前的客栈遗迹,并由此得知,古希腊的客栈往往是由奴隶或战俘经营和劳作的。

古代经商者一般都组成商队,他们沿途住在一些商队客栈里,这些客栈还必须为旅客提供可容纳数量达几百头牲畜的厩栏。在古罗马和中国,沿路都有驿站以供皇上、使者往来住宿。

在中世纪初,当时贸易很不发达,人们聚居在相对隔绝的村镇,因而很少有人旅行。如果要旅行,人们或在野外露营,或寄宿于贵族城堡,而宗教团体也常以低廉价格向旅行者提供膳宿服务。中世纪后期,随着商业的发展,旅行和贸易兴起,对客栈的需求量大增。宗教战争更推动了膳宿服务业的发展。普通平民及新兴中产阶级都可以到客栈寄宿,不必再到贵族阶层的城堡投宿了。

在中世纪,英国已出现大规模的旅行活动。英国大诗人杰弗里·乔写于 14 世纪的名著《坎特伯雷故事集》以英国早期巡回商人在旅途中借以消遣的各种故事为素材,生动地描述了当时旅行和客栈的真实情况。由于当时可供四轮马车行走的驿道不多,农村和城镇相距又远,森林和田野经常有盗匪出没,旅游者往往成群结队地行动。晚间,他们除了需要食物还要有歇脚场所,有的住户就向旅行者敞开了家门,人们可以发现每隔 10 至 15 英里①的车站旁就有客栈。住宿处往往还提供膳食和啤酒,诸如切片熟肉、盆菜及其他食物。最早的客栈无非是一幢大房子,内有几间房间,每个房间摆了一些床,旅客们往往挤在一起睡。当然,对受尊敬的旅客一般都会给予优待,让他们在最不拥挤的地方安睡。

由此可见,客栈是指乡间或路边的小客栈、小旅店,供过往旅行者寄宿之用。早期的客栈规模小、设备简陋。一个房间摆上几张床,旅客们往往挤在一起睡觉,吃的也是和主人差不多的家常饭。除提供食宿之外,没有其他服务。客栈是独立的家庭生意,客栈的房舍是家庭住宅的一部分,这个家庭就是客栈的拥有者和经营者。到了 15 世纪,客栈开始流行。有些客栈已拥有 20 至 30 间客房,条件好的还有一个酒吧、一个食品室、一个厨房。到了客栈盛行的 18 世纪,在英国等地的客栈除了为过往旅客提供食宿之外,还成为人们聚会并互相交往、交流信息的场所。客栈往往坐落在乡镇人群活动的中心区域或公共马车车站旁,成为当地社会政治与商业活动的中心。早期客栈的另一个特点是规模小、设施简陋、声誉差,不能满足一些权贵外出住宿的要求。

(二) 大酒店时期

大酒店时期一般是指 19 世纪初到 20 世纪初这一时期。18 世纪后期,随着欧美等国进

---

① 1 英里 = 1.609 344 千米。

入工业化时代，世界酒店业进入了大酒店时期，美国的酒店逐渐成为世界上最好的酒店。当时在欧洲的多数大城市里，大兴土木争相建造豪华酒店。具有代表性的酒店有巴黎的巴黎大酒店和罗浮宫大酒店、柏林的恺撒大酒店、伦敦的萨依伏大酒店等。

1794年在纽约建成的首都酒店是严格按照要求建立起来的，内有73套客房，在当时不啻为一座大宫殿。一座真正值得纪念的酒店是1829年在波士顿落成的特里蒙特酒店。它被称为第一座现代化酒店，为整个新兴的酒店行业确立了明确的标准。这座酒店设有170套客房，其规模在当时十分可观。据说它还是第一座建有前厅的酒店，宾客不再在酒吧柜台上登记入住。楼下还悬挂煤气灯，餐厅设有200个座位，供应法式菜肴，服务人员训练有素。酒店不仅有单间客房，而且房门可以加锁。为了不使旅客忘记归还钥匙，每把钥匙都带着一个长形的铁片。客房里备有脸盆、水罐和肥皂，旅客再也不必上酒店后院从水泵里接水洗澡。特里蒙特酒店就是以此闻名。总之，特里蒙特酒店是酒店历史上的里程碑，它推动了一些豪华酒店，如纽约的广场酒店至今仍称得上是美国的一流酒店。这些酒店崇尚豪华，供应最精美的食物，布置最高档的家具摆设。而塞萨·里兹开办的酒店，可以说是当时豪华酒店的代表。Ritzy一词也由此而来，意即极其时髦、非常豪华。讲究排场的里兹酒店，不仅聘用了一代名厨埃斯考菲尔，使酒店的菜肴精美绝伦、无可比拟，而且还别出心裁地以主顾或以他们女友的名字来命名各种菜点，如"美女梅尔巴"就是以女性名字梅尔巴命名的一道用桃片配以香草冰激凌与煎糖糖浆和奶油制成的冷饮甜品。

大酒店都建在繁华的大都市，规模宏大，建筑与设施豪华，装饰讲究。酒店的服务是一流的，讲究礼仪，主要接待王公、贵族、官宦和社会名流。酒店投资者、经营者的根本兴趣是取悦社会上流，求得社会声誉，往往不太注重经营成本。大酒店时期，酒店服务有了创新。作为本时期酒店经营者的代表人物，被誉为"旅馆主之王"的瑞士人塞萨·里兹提出了"客人永远不会错的"酒店经营格言。大酒店时期的许多经营与服务的哲学和信条至今仍在世界酒店业中被奉为经典，恪守不渝。

（三）商业酒店时期

商业酒店时期是指从20世纪初到20世纪50年代这一时期。进入20世纪后，产业革命引起经济的繁荣，商业旅行急剧增加，对廉价舒适的食宿设施的需求也随之增加。以前所建造的食宿设施，无论是豪华的大酒店，还是设施简陋的小客栈，都无法满足这种需求。客栈过于简陋，既不卫生，又不舒适。豪华型贵族酒店的市场面十分狭小，而它本身又包含着种种的弊端和局限。第一，价格昂贵。由于顾客定位于贵族，酒店管理者是基于只要提供了好的东西，客人就会毫无怨言地掏钱的前提来决定其价格政策。第二，不考虑酒店作为一个企业的性质，不考虑它的盈利性。由于贵族酒店的投资者往往是贵族，他们为了炫耀自己的实力，常不计投资与经营的成本。第三，没有充分重视维持酒店经营要素之一的员工的利益。当时的经营者一味考虑客人的利益，而对于如何正确安排好员工的工作，如何正确地评价员工的工作与如何培养员工等方面都考虑很少。在这种情况下，商业酒店应运而生。

首先发现这一市场并着力开发的是美国的酒店大王埃尔斯沃思·斯塔特勒，他被公认为商业酒店的创始人。同里兹的酒店经营不同，斯塔特勒凭着多年从事酒店经营的经验及对市场需求的了解，立志要建造一种"在一般公众能负担的价格之内提供必要的舒适与方便、优质的服务与清洁卫生"的酒店,亮出了"平民化、大众化"旗号,把"提供普通民众能付得起费用的世界第一流的服务"作为经营目标。1908年,他在美国纽约州水牛城建造了第一家由他亲自设计并用自己名字命名的斯塔特勒酒店,一个带卫生间的客房房价仅为1美元50美分。斯塔特勒提出了酒店经营成功的根本要素是"地点、地点、地点"的原则,还提出"酒店从根本上来说,只销售一样东西,这就是服务"等至理名言。

斯塔特勒酒店是专为旅游者设计的,其特点是每套客房都有浴室,这在当时是闻所未闻的。他按统一标准管理酒店,因此,不论你到波士顿、克利夫兰,还是纽约、布法罗,只要住进斯塔特勒的酒店,就可保证享受到标准的服务。酒店还设有通宵洗衣、自动冰水供应、消毒马桶坐圈、送报上门等服务项目。斯塔特勒十分注重企业的管理,制定了控制成本的记账办法。他还协助成立了美国酒店协会。20世纪20年代,酒店业得到了迅速发展。仅在纽约,就有许多酒店兴建起来。小城市的酒店创办人则呼吁,如果没有现代酒店设施,将有损于这个城市的声誉;而后便采取向居民兜售债券的办法,集资兴建酒店。这样一来,就有力地促进了酒店业的大发展。20年代中期,美国酒店的客房平均出租率达86%左右。20世纪30年代的经济大萧条时期,旅游人数大减,酒店业陷入困境。"二战"后,被长期抑制的旅游需求得以再度暴涨,一度处于困境的酒店业又开始复苏。由于经济繁荣,汽车和其他交通工具又可以把人们自由地运到他们想去的地方,从而引起了酒店需求的剧增。人们不仅住酒店,而且也住进了游客宿舍和汽车酒店之类的设施。

斯塔特勒创建的酒店被誉为现代商业酒店的里程碑。商业酒店特点为:服务对象主要是商务旅行者;服务设施与服务项目讲求舒适、方便、清洁、安全与实用,而不是刻意追求豪华与奢侈;价格合理,使客人感到物有所值;经营管理上讲究经营艺术,改善管理,注重质量标准化,降低成本以获取最佳利润。商业酒店时期是世界酒店史中最为重要的阶段,也是世界各国酒店业最为活跃的时期,它从各方面奠定了现代酒店业的基础。

(四)现代新型酒店时期

现代新型酒店时期从20世纪50年代开始至今。在50年代,随着欧美国家战后的经济复苏,人们在国内、国际的旅行和旅游活动日益频繁,空中交通及高速公路日益普及。在大中城市里,大型高层的酒店数量倍增,公路两旁的汽车旅馆更是星罗棋布。一些有实力的酒店公司,以签订管理合同、转让特许经营权等形式,进行国内甚至跨国的连锁经营,逐渐形成了一大批使用统一名称、统一标志,在酒店建造、设备设施、服务程序、物资采购与人才培训等方面统一标准的酒店联号公司。其中拥有大型豪华酒店的酒店联号公司有:希尔顿国际酒店公司、喜来登酒店公司、凯悦国际酒店公司等;拥有中小型酒店或汽车旅馆的酒店联号公司有:假日酒店集团、华美达酒店集团、诺富特酒店集团、最佳西方国际酒店集团等。

现代新型酒店的特点除注重规模效益、连锁经营外,还表现在为适应现代人的需求,其功能日益多样化,酒店不再是仅仅向客人提供吃、住的场所,还要满足客人对娱乐、健身、购物、通讯、商务等方面的多种需求,酒店也是当地社交、会议、展览、表演等活动的场所;在经营管理上,注重用科学的手段进行市场促销、成本控制、人力资源管理等；在设备设施上，注意运用适合客人需求的酒店服务及办公的各种高新科技产品。在社会上，为酒店行业配套服务的专业公司也日臻完善，有酒店管理咨询公司、酒店订房代理公司、酒店会计事务所、酒店建筑设计事务所、酒店设备用品公司等，还有开设酒店管理专业的各类院校。

在现代新型酒店时期，酒店业发达的地区并不仅仅局限于欧美，而是遍布全世界。在美国《机构投资者》杂志每年组织的颇具权威性的世界十大最佳酒店评选中，亚洲地区的酒店往往占有半数以上，并名列前茅。由香港东方文华酒店集团管理的泰国曼谷东方大酒店，十多年来一直在世界十大最佳酒店排行榜上名列榜首。在亚洲地区的酒店业中，已涌现出较大规模的酒店集团公司，如日本的大仓酒店集团、日本的新大谷酒店集团、香港东方文华酒店集团、香港丽晶酒店集团、新加坡香格里拉酒店集团、新加坡文华酒店集团等，这些酒店集团公司不仅在亚洲地区投资或管理酒店，并已扩展到欧美地区。

二、中国酒店业的发展历程

中国酒店业是一个既古老而又年轻的行业。在中国，酒店业已有3 000多年的历史，曾经历了驿站、客栈时期；19世纪末，随着资本主义生产方式的输入而出现了一批大型西式酒店。中华人民共和国成立后，特别是随着改革开放政策的实行，我国酒店业进入了迅速发展的新型酒店时期。

（一）中国古代酒店业的发展

在中国，最早的酒店设施可追溯到春秋战国或更远古的时期，唐、宋、明、清被认为是中国酒店业发展较快的时期。在中国古代，住宿设施大体可分为官办设施和民间旅店两类。

古代官方开办的住宿设施主要有驿站和迎宾馆两种。驿站是中国历史上最古老的一种官办住宿设施，专门接待往来信使和公差人员。到了唐代，驿站广泛接待过往官员及文人雅士。元代时，有的驿站建筑宏伟、陈设华丽，除接待信使、公差外，还接待过往商旅及达官贵人。迎宾馆是古代官方用来款待外国使者、外民族代表及商客，安排他们食宿的馆舍。在历代，曾有"四夷馆""四方馆""会同馆"等各种称谓，称之为"迎宾馆"则始于清末。中国古代迎宾馆作为一种官办接待设施，适应了古代民族交往和中外往来的需要，它对中国古代的政治、经济和文化交流起了不可忽视的作用。

古代民间旅店在300多年前的周朝时期就出现了。它的产生和发展与商贸活动的兴衰及交通运输条件密切相关。秦汉两代是中国古代商业较为兴旺发达的时期，民间旅店业也因此有了发展。在唐代盛世，经济繁荣、社会安定，旅店业也得到了大发展，民间旅店进入商业都市，遍布繁华街道。明清时期，民间旅店业更加兴旺。由于封建科举制度的进一步发展，在各省城和京城出现了专门接待各地赴试者的会馆，成为当时旅馆业的重要组成部分。

（二）中国近代酒店业的发展

中国近代由于受到外国帝国主义的入侵，沦为半殖民地半封建社会。当时的酒店业除了有传统的旅馆之外，还出现了西式酒店和中西式酒店。西式酒店是对19世纪初外国列强侵入中国后，由外国资本建造和经营的酒店的统称。这类酒店在建筑式样、设施设备、内部装修、服务与经营对象及方式等方面都与中国的传统旅馆不同。西式酒店规模宏大，装饰华丽，设备先进，经理人员皆来自英、法、德等国，接待对象主要以来华外国人为主，也包括当时中国上层社会人物及达官贵人。西式酒店是帝国主义列强入侵中国的产物，为帝国主义的政治、经济、文化服务。但另一方面，西式酒店的出现对中国近代酒店业的发展起了一定的促进作用。当时西式酒店经营者中，有不少人受过酒店经营的专业教育和训练，他们把当时西式酒店的建筑风格、设备配置、服务方式、经营管理的理论和方法带到了中国。

中西式酒店是在西式酒店的带动下，由中国的民族资本投资兴建的一大批中西风格结合的新式酒店。这类酒店在建筑式样、店内设备、服务项目和经营方式上都受到了西式酒店的影响，而且在经营体制方面也仿效西式酒店的模式，实行酒店与银行、交通等行业联营。至20世纪30年代，中西式酒店的发展达到了鼎盛时期，在当时的各大城市中，均可看到这类酒店。中西式酒店将输入中国的欧美酒店业经营观念和方法与中国酒店经营环境的实际相融合，成为中国近代酒店业中引人注目的部分，为中国酒店业进入现代酒店时期奠定了良好的基础。

（三）中国现代酒店业的蓬勃发展

我国现代酒店业的发展历史不长，但速度惊人。自1978年我国开始实行对外开放政策以来，大力发展旅游业，这为我国现代酒店业的兴起和发展创造了前所未有的良好机遇。1978年，我国国际旅游业刚刚起步的时候，我国能够接待国际旅游者的酒店仅203座，客房3.2万间。酒店业规模小、数量少，难以满足国际旅游客源迅速增加的形势下对酒店业的要求。同时，由于这些酒店大都为中华人民共和国成立前遗留下来或20世纪五六十年代建造的，酒店功能单一，设备陈旧，难以适应国际旅游所要求的水平。80年代初期至中期，通过引进外资，兴建了一大批中外合资、中外合作的酒店，又利用内资陆续新建和改造了一大批酒店，使我国酒店业进入了一个较快发展时期。到1984年，酒店数量达505座，客房7.7万间。这个规模和数量，比1980年翻了一番，初步缓解了酒店供不应求的矛盾和硬件差、管理差的状况。1985年，国家提出了发展旅游服务基础设施，实行国家、地方、部门、集体和个体一起上的方针，调动了各方面的积极性，从而使酒店业发展势头蓬勃高涨。到1988年，酒店数量达到1 496座，客房22万间。随着全国各地改革开放的进一步深入以及经济建设的热潮，酒店业从数量上到质量上都得到了进一步的发展。到1995年，全国的酒店数量达3 720座，客房49万间。20世纪90年代中后期，我国酒店业的总量急骤增加，到2000年年末，全国旅游涉外酒店业的规模为：酒店10 481座，客房94.82万间，与此同时，酒店的档次结构也发生明显变化，20世纪80年代初那种只提供一食一宿的招待型酒店，已经被各种档次、多种类型的酒店所取代。总之，20年来我国酒店的建设速度和发展规模超过了同时期世界上任何国家和地区，酒店业的经营管理水平得到了迅速的提高，今后将进一步加大绿色管理的力度，以提高更多人的环保意识，为实现真正意义上的绿色酒店而继续努力。

任务四　了解酒店的组织架构

一、酒店组织结构设置的原则

确定科学的组织架构图（organization chart）是实施管理的前提，直接影响酒店的工作效率和成本利润。酒店的规模和类型不同，组织结构会有较大区别，但应遵循一些共同的原则。

（一）从实际出发

酒店组织结构设置应该从酒店的性质、规模、地理位置、经营特点及管理方式等实际出发，而不能生搬硬套。比如，规模小的酒店以及以内部接待为主的酒店就可以将前厅部并入客房部，而不必独立设置。大酒店的很多职能分别由不同的岗位负责，小酒店则可以将其合二为一，甚至合三为一、合四为一。很多大酒店前厅部设有商务中心、车队等，小酒店则没有。大酒店管理层次多（可能有部门经理、主管、领班、服务员四个层次），小酒店则层次少（可能只有经理、领班、服务员三个层次）。

（二）机构精简

要防止机构臃肿、人浮于事，尤其要注意因事设人，而不能因人设事、因人设岗。但机构精简并不意味着机构的过分简单化，应避免出现职能空缺的现象。考虑到酒店前厅部与客房部的联系甚为密切，大多数酒店都将前厅部和客房部合二为一，称为"客务部"或"房务部"（rooms division）。有的酒店考虑到前厅部的销售功能，将前厅部划归酒店的公关销售部，而将客房部设置为独立的部门。

（三）分工明确

应明确岗位人员的职责和任务，明确上下级隶属关系及信息传递的渠道和途径。应防止出现管理职能空缺、重叠或相互打架的现象。

（四）扁平化

21世纪酒店管理的发展趋势是组织结构扁平化，包括前厅部和客房部在内的酒店各部门将尽可能地减少管理层次，以提高沟通和管理效率，降低管理费用。

二、酒店组织架构

酒店组织架构的设置会因酒店规模不同而不同，某酒店组织架构如图1-1所示。

三、酒店职务等级

酒店规模不同，酒店职务可划分为不同的等级。另外，不同的酒店、酒店管理公司以及酒店管理集团有不同的管理理念，其酒店职务的划分也有不同的标准和等级。酒店职务等级的划分，既是员工薪酬管理的依据，也是员工晋升和努力的方向。

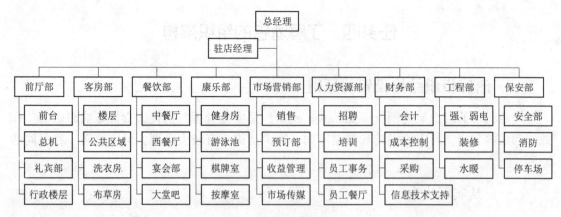

图1-1 某酒店组织架构

以下是某国际酒店集团酒店职务的等级划分：

Band 1（第一级）General Manager（总经理）

Band 2（第二级）Hotel Manager/Resident Manager（驻店经理）

Band 3（第三级）Director/Executive Committee（部门总监/行政委员会）

Band 4（第四级）Department Heads（部门经理）

Band 5（第五级）Line Management – Assistant Department Head（一线管理层 – 部门经理助理）

Band 6（第六级）Line Management – Section Heads/Outlet Manager（一线管理层 – 分部经理/餐厅经理）

Band 7（第七级）Supervisors（主管）

Band 8（第八级）Shift Leaders/Specialized Skills Staff（领班/技工）

Band 9（第九级）Line Staff Level 1 – Front of House（一线一级员工）

Band 10（第十级）Line Staff Level 2 – Back of House/Manual Duties Staff（一线二级员工 – 后台/勤杂工）

任务五　了解酒店的经营模式

酒店建成以后，业主就面临着如何经营的问题，即选择自主经营还是委托管理？如果选择委托经营，就需要了解酒店管理公司的背景及其管理风格等方面。

一、酒店经营的基本模式

（一）自主经营

自主经营（independent management）即由业主自己组建经营管理团队经营自己投资建设的酒店。这一模式的优点是不用向酒店管理公司支付高昂的管理费用，缺点是自己组建的管理团队缺乏统一的管理模式和企业文化，管理水平有限，可能影响酒店未来的经济效益。如果酒店集团自己投资或通过收购途径来拥有一家全资酒店，然后自主经营，也是一种较好的选择。这也是早期酒店集团扩张的主要模式。贝斯特·韦斯特国际集团（Best Western International）就是这种模式的典型代表。

此模式优点是公司拥有全部产权和对子公司的控制权；保证集团所提供产品质量的稳定性。缺点是酒店产品的高固定投资导致集团拓展受到限制；投资与经营风险大。如果遇到政治、经济等不稳定因素的影响，投资将难以撤离。

（二）特许经营

酒店的特许经营（franchise）以特许经营权的转让为核心，是利用管理集团自己的专有技术和品牌与酒店业主的资本相结合来扩大经营规模的一种商业发展模式。通过认购特许经营权的方式，管理集团将所拥有的具有知识产权性质的品牌名称、注册商标、定型技术、经营方式、操作程序、预订系统及采购网络等无形资产的使用权转让给受许酒店，并一次性收取特许经营权转让费或期初转让费，每月根据营业收入收取浮动的特许经营服务费（包括公关广告费、网络预订费、员工培训费、顾问咨询费等）。

酒店业的特许经营最早出现在1907年，当时，凯撒·里兹先生允许纽约、蒙特利尔、波士顿、里斯本和巴塞罗那的一些豪华酒店使用其著名的里兹品牌。进入20世纪50年代，特许经营得到了飞速发展，许多通过连锁经营形成的酒店集团（如假日、希尔顿、喜来登等）认识到酒店品牌、形象、管理模式、销售网络等具有的价值，将这一形式作为集团扩张的低成本和高利润的途径。

对于跨国酒店集团而言，特许经营的优势在于以较少的资本投入实现快速的增长和扩张，而且在获得额外的收益或利润以及市场份额和市场潜力的基础上可以避免直接投资的风险。对于受特许权人而言，则可以使用成功酒店的销售网络、参与集团营销、获得成功的管理经验及系统的员工培训等，减少失败的风险。据美国商务部的资料显示，特许经营成功率在第一年为97%，头五年为92%，在十年中约90%的企业会生存下来。受特许权人通过借鉴特许权人的经验，最大限度地减少新开业酒店的经营风险。

关于特许经营的缺点，由于不是直接管理下属酒店，因此特许经营可能导致集团对下属酒店的质量失去控制。另外，特许权拥有者与经营者双方还要承担发生冲突的风险。这些冲突可能源于对势力范围、合同期限、质量保证、广告与酬金等的界定。

（三）委托经营

委托经营（mandatory administration）又称委托管理，即通过酒店业主与管理集团签订管理合同来约定双方的权利、义务和责任，以确保管理集团能以自己的管理风格、服务规范、质量标准和运营方式来向被管理的酒店输出专业技术、管理人才和管理模式，并向被管理酒店收取一定比例的基本管理费（占营业额的2%~5%）和奖励管理费（占毛利润的3%~6%）。

1. 管理合同订立的原则

（1）经营者有权不受业主的干扰管理企业，业主将所有经营责任授权给经营者并不得干涉其日常业务运营。

（2）业主支付所有的经营费用并承担可能的财务风险。

（3）经营者的行为受到绝对保护，除非他具有欺诈行为或严重的失职行为。

由于委托经营市场竞争越来越激烈，更多的经营者将收益贡献作为获得合同的重要筹码，其他经营者则往往采用减少管理经费的方式。

2. 委托经营的主要服务内容

酒店管理集团在采用委托经营方式时既可以提供一揽子服务，也可以提供单项技术服务协议。委托经营通常提供下列服务：可行性报告和市场分析；规划、设计、建筑和内部装潢方面咨询和技术支持；设备选择、布局和安装方面的建议；合同、采办和建筑协作；开业运行；营销、广告、促销；招聘和培训；技术咨询；采购；中央和国际预订服务；管理人员；总部办公室督导与控制。

（四）租赁经营

租赁经营（lease management）即酒店集团从酒店所有者手中将酒店租赁过来，对酒店进行经营。长期租赁在国际酒店业中通常被视为全资拥有形式的变形。跨国酒店公司通常利用这种方式在东道国的最佳地点选择酒店。例如，万豪和希尔顿国际的一些酒店就是以长期租赁拥有的。这类租赁在大多数情况下要求做出长期的财务承诺，因此只有在仔细考虑选址、市场的长期盈利能力及东道国保持稳定的能力之后才能做出抉择。

（五）联盟经营

联盟经营（management on alliance）是酒店为了保持和加强自身的竞争力，自愿与其他酒店在某些领域进行合作的经营形式。联盟并不强调伙伴之间在各方面的兼容性，而是重视对某些经营资源的共享，其兼容性是有选择的。根据不同的选择性，可以组成不同的合作同盟，而不必形成法律约束的经营实体，进行一揽子资源的相互转换。这种契约性合作更具灵活性和选择性。

酒店战略联盟可分为竞争对手联盟、顾客伙伴联盟和供应商伙伴联盟。竞争对手联盟指竞争对手之间为了减少无谓竞争并促进共同发展而自愿形成的联盟，以实现资源、市场和技术等方面的共享。

（六）第三方管理

第三方管理（the third party management）又称"国际化品牌＋本土化管理"，是近年来出现的一种新的酒店管理模式，是指由一家知名酒店管理公司（通常拥有国际品牌）和另外一家专业酒店管理公司（第三方酒店管理公司，其品牌知名度通常并不高，但具有专业管理能力）与业主方共同签订三方协议，由知名酒店管理公司接受业主方委托，再交给第三方酒店管理公司，使用知名酒店管理公司的品牌及管理模式去管理。这种管理模式对三方都有利，因此得到了快速发展，特别是在美国和中国的发展，已经引起了业界的广泛关注。这种管理模式优点为：

首先，对于作为委托方的业主而言，可以支付较低的管理费，节省费用支出。由于不是由知名度较高的管理公司直接管理，而是只利用它们的品牌，由第三方管理公司经营管理，因此，业主方只需要支付较少的管理费用，从而可以为业主在使用同一品牌且不降低管理水准的情况下，节约不少的管理成本。其次，对于知名酒店管理公司而言，不用派出人员亲自管理，而只需要输出其品牌（实际上相当于一种特许经营，但同时可以收取少量的管理费，因此比特许经营的收益更好）。这样，不仅能够取得较好的收益，还可以有机会以更快的速度发展其业务，占领市场。最后，对于第三方管理公司而言，利用全球知名酒店管理公司的品牌进行管理，使其摆脱了知名度不高、难以获得业主信任和难以开拓市场的窘境。它对项目进行实际运营，从整体业务中可分得一杯羹。目前，国际著名的温德姆酒店集团是采用第三方管理模式最成功的酒店集团。

二、酒店管理公司的选择

如果酒店业主选择委托管理或特许经营等方式经营酒店，就要对酒店管理公司进行尽职调查。严格意义上的尽职调查是指在计划的某项商业交易中，对对方公司的历史事实和现状（包括各类数据和法律文件）、管理人员的背景、市场风险、管理风险、技术风险和资金风险做全面深入的了解和审核。尽职调查多用于企业上市和企业并购，但在业主选择酒店管理公司的过程中，合理的尽职调查同样很有必要。

一般情况下，业主在明确自己的项目定位后，就开始与酒店管理公司接触。有一些业主通常只关心某个品牌是否高端，或者某个知名酒店管理公司的管理费费率的高低，却忽略了很多其他事实。如果业主在谈判前或谈判过程中对酒店管理公司和酒店品牌有尽可能多的了解，无疑会有助于决策和谈判。

任务六　了解酒店的设计与筹建

酒店开业筹备（以下简称"筹开"）是一项非常烦琐、复杂的工作，它是为今后酒店成功运营、降低运营成本等打好基础的重要阶段。具体而言，筹开的主要工作包括：了解酒店施工进度、制定筹开工作进度计划、人员招聘和培训、经营计划和预算编制、各部门运营手册的编制、物品采购和制作、开业广告和推广计划、证照办理、开业庆典计划、场地验收、模拟营运、开业前的检查等。因此，这项工作责任重大且极具挑战性。它要求总经理、管理团队既要协调好各种关系，又要考虑周全，在人、财、物等方面做好充分准备，做到理顺关系、明确任务、责任到人。

一、协调好各种关系

要做好酒店开业筹备工作，需要处理好诸多关系。就项目而言，理顺、协调好各方面的关系是外派管理团队的关键环节，也是站稳脚跟的基础。其中既包括与业主的关系、团队内部的关系，也包括与社会各界的关系。

二、开业筹备工作的主要内容

（一）了解项目施工进度

总经理和工程总监在进驻项目后，第一项工作就是到施工现场查看。只有详细了解工程进度，才能准确安排筹开进度，并与施工进度有效衔接，避免因步调不一致而造成延误和损失。总经理要与筹建办公室开会，了解工程进度及机电设备状况，索取酒店工程进度表、酒店平面施工图等，以保证各级管理人员熟悉酒店布局和各自负责的工作场所，顺利编制工作流程和制订本部门的筹开计划。

（二）设计酒店组织架构

作为总经理，要根据酒店规模与设施确定酒店组织框架，这是今后筹备酒店美好蓝图的基础。只有结合项目情况落实人员编制，才能实施招聘计划，并预测每个部门和每个工种所需人员情况、劳动费用支出情况以及员工食宿安排情况。确定人员编制，要科学、合理地设计组织机构，综合考虑各种相关因素，要坚持既不浪费人力资源，又不影响经营水准的原则。要确保酒店顺利开业并使管理走上正常运营的轨道，根据项目进展、规模、经营需要等安排人员逐步到位。

（三）落实员工宿舍等计划

兵马未动，粮草先行，员工安居才会乐业。酒店员工因为住房和生活条件差而跳槽的例子并不鲜见。有的酒店工资虽然不高但食宿条件较好，员工往往愿意留下。总经理要设法要说服业主予以配合，在酒店招聘员工前全面规划好员工宿舍及餐厅等保障设施。

（四）制定经营物品采购清单

酒店开业前事务繁多，经营物品的采购是一项非常耗费精力的工作，仅靠某一个部门去完成此项任务难度很大，各经营部门应协助其共同完成。无论是采购部还是其他部门，在制定酒店各部门采购清单时都应考虑以下方面：

1. 本酒店的具体情况

采购的物品种类、数量与建筑的特点有着密切的关系。例如，客房楼层需配置工作车，但对于别墅式建筑的客房，工作车就无法发挥作用。楼层是否设立工作间，也影响着清洁设备的配置数量。此外，客房部某些设备用品的配置还与客房部的人员安排及相关业务量有关等。

2. 本酒店的设计标准及目标市场定位

总经理应要求相关部门从本酒店的实际出发，根据设计的星级标准，参照国家行业标准、管理公司的标准制定采购清单，此外还应根据本酒店的目标市场定位，考虑目标客源市场对客房用品的需求、对就餐环境的偏爱，以及消费时的行为习惯来制定采购清单。

3. 行业标准

中华人民共和国文化和旅游部（原国家旅游局）发布的行业标准、管理公司的标准，是制定采购清单的主要依据，一定要据此采购。

4. 行业发展趋势

酒店管理人员应密切关注本行业的发展趋势，在物品配备方面有一定的超前意识，不能过于传统和保守。

5. 其他相关因素

在确定物资采购清单时，有关部门和人员还应考虑其他相关因素，如出租率、配置标准、业主对经营物品的要求、资金支付能力、洗衣房配置、周转量等。采购清单的设计必须规范，通常应包括部门、编号、物品名称、规格、单位、数量、供货单位、备注等。

6. 协助采购

酒店管理团队应尽量避免直接承担采购任务，但由于这项工作对酒店的开业及开业后的运营工作影响较大，因此，应密切关注并适当参与采购工作，以确保所购物品符合酒店各部门的要求。酒店各部门经理要定期对照采购清单检查各项物品的到位情况，且检查的频率应随着开业的临近而逐渐提高。在酒店开业前期，如果各部门所需的物品还没有到位，应及时与业主方召开协调会，综合物品清单，并将任务分配到各个采购员，规定到货日期。

7. 制定各类制度、流程、标准

管理酒店就像管理一座城市，必须依法合规、有章可循，因此，除了《员工手册》外，必须有各种辅助性规章制度，还要明确各部门的具体业务流程（岗位职责、工作程序），使各项工作有序推进。同时，还要搞好企业文化建设。由于管理公司有比较完整的标准，各新开酒店根据市场定位、接待对象等现实要求加以补充、完善即可。

8. 做好调查并制定经营策略

市场调查是每家酒店开业前必须做的工作，也是酒店确定经营计划、营销策略、行动计划、市场定位、经营决策的基础。管理团队要通过考察，了解周边酒店市场的设备、设施、物品、服务、客源、收费及运作情况，并对其进行认真分析，从而制定本酒店的经营方针，确定收费标准和建立价格体系。这是制定经营策略的依据。

9. 确定各部门管辖区域

各部门经理到岗后，首先要熟悉酒店的平面布局。要实地察看，然后再根据实际情况，确定酒店各部门的管辖区域及主要职责范围，以书面形式将具体的建议和设想呈报总经理。在进行区域及责任划分时，各部门管理人员应从大局出发，具有良好的团队协作精神与服务意识。按专业化的分工要求，酒店的清洁工作要归口管理，这有利于标准的统一、效率的提高、投入的减少、设备的维护保养及人员的管理。各部门职责的划分要明确，并要以书面形式加以确定。在全店的基建清洁工作中，酒店各部门除了要负责各自区域的所有基建清洁工作外，还要负责大堂等相关公共区域的清洁。开业前基建清洁工作的成功与否，直接影响着对酒店成品的保护，在开业前酒店最高管理层及相关负责部门应共同确定各部门的基建清洁计划，然后由客房部的客房公共卫生组对各部门员工进行清洁知识和技能的培训，为各部门配备所需器具及清洁剂，并对清洁过程进行检查和指导。

10. 各部门皆要参与验收

酒店各部门的验收，由工程部牵头、各部门共同参加。酒店各部门参与验收，能在很大程度上确保装潢质量达到酒店所要求的标准。酒店各部门在参与验收前，应根据本酒店的情况设计一份酒店各部门验收检查表，并对参与的部门人员进行相应的培训。验收后，各部门要留存一份检查表，以便日后的跟踪检查。

11. 建立各部门财产档案

酒店在开业前就要开始建立各部门的财产档案，这对日后酒店各部门的管理，包括各项成本控制、固定资产保留、各项审计等，都具有特别重要的意义。若忽视该项工作，将失去掌握第一手资料的机会。

12. 安全保障

安全工作是酒店的重中之重。酒店开业前，要考虑到各种安全问题，要根据酒店项目的需要、环境、特点，建立高效、快捷的安全体系和危机处理体系，以保障酒店、消费者、员工等各方面的安排。

13. 部门的模拟运转

酒店各部门在各项准备工作基本到位后，即可进行部门模拟运转。这既是对准备工作的检验,又能为正式的运营打下坚实的基础。另外,酒店开业前最好做一次消防演练,防患于未然。

14. 开业前的准备工作

包括召开员工大会;实地演练,全面进入正常营业状态;再次检查配套设施设备是否符合实际运作的要求;落实邀请嘉宾名单;确定开业庆典物品清单和当日程序等;召开管理人员开业当日工作任务分配会议,发放任务分配一览表;开业头一天模拟庆典彩排等。

三、酒店开业筹备工作的注意事项

包括需要坚持每天巡视施工现场,注意观察,提出建议;倡议建立有业主方、施工单位参加的工程联席会议制度,发现问题及时处理;根据项目进展、规模、经营需要,制定管理团队人员到位计划,员工入职最好按 30%、50%、80% 的比例逐步进入,以便控制成本;总经理进驻后要与业主讲明责权并授权等。

复习思考题

1. 酒店业的发展经历了哪几个历史时期?
2. 请简述现代酒店的类型。
3. 请用图说明现代酒店的组织架构,并简要说明各部门的职能。
4. 酒店经营的基本模式有哪几种?常见的模式是哪些?

模块二

酒店部门服务管理

项目二

前厅服务与管理

学习目标

熟悉前台接待工作的内容和技能、前台销售管理技巧、礼宾工作的内容、总机服务的内容，学会行政楼层的管理技巧以及宾客关系的管理技巧等。

任务一　了解前厅部

一、前厅部的地位和作用

前厅部（front of fice）是招徕并接待客人，推销客房及餐饮等酒店服务，同时为客人提供各种综合服务的部门。前厅部的工作对酒店市场形象、服务质量乃至管理水平和经济效益有着至关重要的影响。

第一，前厅部是酒店的营业橱窗，反映酒店的整体服务质量。一家酒店服务质量和档次的高低，从前厅部就可以反映出来。有一位顾客曾经说道："每当我们走进一家旅游酒店，不用看它的星级铜牌，也不用问它的业主是谁，凭我们'四海为家'的经验，通常就可以轻而易举地判断出这家酒店是不是合资酒店，是不是外方管理以及大致的星级水平是怎样的。"因此，有人把前厅誉为酒店的"脸面"，这张脸是否"漂亮"，不仅取决于大堂的设计、布置、装饰、灯光等硬件设施的豪华程度，更取决于前厅部员工的精神面貌、办事效率、服务态度、服务技巧、礼貌礼节以及组织纪律性。

第二，前厅部是给客人留下第一印象和最后印象的地方。前厅部是客人抵店后首先接触的部门，因此，它给客人留下第一印象。从心理学上讲，第一印象非常重要，客人总是依据第一印象来评价一家酒店的服务质量。如果第一印象好，那么即使在住宿期间遇到不如意的事情，他也会认为这是偶尔发生的，可以原谅；反之，如果第一印象不好，那么他会认为这是必然的，酒店在他心目中的不良形象就很难改变。

第三，前厅部具有一定的经济作用。它不仅可以通过提供邮政、电信、票务以及出租车服务等直接取得经济收入，而且其销售工作的好坏直接影响到酒店接待客人的数量。因此，前厅部应积极主动地推销酒店产品，绝不能被动地等客上门。当酒店产品供过于求、市场竞争激烈时，更应如此。

第四，前厅部的协调作用。前厅部犹如酒店的大脑，在很大程度上控制和协调着整个酒店的经营活动。由这里发出的每一项指令和信息，都将直接影响酒店其他部门对客人的服务质量。因此，前厅部员工必须认真负责，一丝不苟，并经常联络和协调其他部门的工作，以保证酒店正常运转，提高酒店整体服务质量。

第五，前厅部的工作有利于提高酒店决策的科学性。前厅部是酒店的信息中心，它所收集、加工和传递的信息是酒店管理者进行科学决策的依据，比如在实施收益管理的酒店，管理者就是根据前厅部所提供的客人的预订信息来决定未来一个时期内房价的高低。

第六，前厅部是建立良好的宾客关系的重要环节。在市场经济条件下，顾客就是"上帝"，酒店是为客人提供食、宿、娱乐等综合服务的行业，酒店服务质量最终是由客人做出评价的，评价的标准就是客人的满意度。建立良好的宾客关系有利于提高客人的满足度，争取更多的回头客，从而提高酒店的经济效益。世界各国的酒店都非常重视改善宾客关系，而前厅部是客人接触最多的部门，因此是建立良好宾客关系的重要环节。

酒店前台如图2-1所示。

图2-1 前台

二、前厅部的主要任务

（一）接受预订

接受客人预订是前厅部的主要任务之一。

（二）礼宾服务

包括在机场、车站接送客人，为客人提供行李搬运、出租车服务、邮电和问讯服务等。

（三）入住登记

前台不仅要接待住店客人，为他们办理住店手续、分配房间等，还要接待其他消费客人以及来访客人等。

（四）房态控制

酒店客房的使用状况是由总台控制的。准确、有效的房态控制有利于提高客房利用率及对客人的服务质量。

（五）账务管理

包括建立客人账户、登账和结账等项工作。

（六）信息管理

前厅部要负责收集、加工、处理和传递有关经营信息，包括酒店经营的外部市场信息（旅游业发展状况、国内及世界经济信息、游客的消费心理、人均消费水平、年龄构成等）和内部管理信息（如开房率，营业收入及客人的投诉、表扬，客人的住店、离店、预订以及在有关部门的消费情况等）。前厅部不仅要收集这类信息，而且要对其加工、整理，并传递给客房、餐饮等酒店经营和管理部门。

（七）客房销售

除了酒店营销部以外，前台接待员也要负责推销客房的工作。受理客人预订，并随时向没有预订的客人（walk – in guests）推销客房等酒店产品和服务。

三、前厅部组织架构

前厅部组织架构的设置会因酒店规模不同而不同，某酒店前厅部组织架构如图2-2所示。

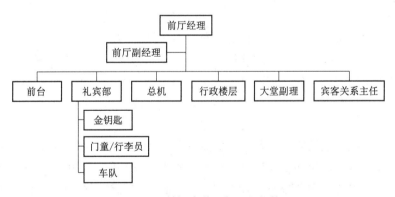

图2-2　某酒店前厅部组织架构

四、各分支部门的职能

1. 前台

接待处（reception/check – in/registration）通常配备主管、领班和接待员，主要职责是：销售客房，接待住店客人（包括团体客人、散客、常住客人、预订客人和非预订客人等），为客人办理入住登记手续，分配房间；掌握住客动态及信息资料，控制房间状态；制作客房营业日报等；协调对客人的服务工作。

2. 礼宾部

礼宾部（concierge）主要为客人提供迎送服务、行李服务和各种委托代办服务，故在一些酒店又称"委托代办处""大厅服务处"或"行李处"。礼宾部主要由礼宾部主管（"金钥匙"）、领班、迎宾员、行李员、委托代办员等组成。其主要职责是：在门厅或机场、车站迎送宾客；负责客人的行李运送、寄存及安全；雨伞的寄存和出租；帮助客人在公共部位找人；陪同散客进房并做介绍、分送客用报纸、分送客人信件和留言；代客召唤出租车；协助管理和指挥门厅入口处的车辆停靠，确保畅通和安全；回答客人问询，为客人指引方向；传递有关通知单；负责客人其他委托代办事项。

3. 总机

电话总机（switch board）的主要职责是：接转电话；为客人提供请勿打扰电话服务；叫醒服务；回答电话问询；接受电话投诉；电话找人；接受电话留言；办理长途电话事项；传播或消除紧急通知或说明；播放背景音乐等。

4. 行政楼层

行政楼层（executive floor）被誉为"店中之店"，它是高星级酒店（通常是四星级以上）为了接待高档商务客人等高消费客人，为他们提供特殊的优质服务而专门设立的楼层。住在行政楼层的客人不必在前台办理住宿登记、结账等手续，直接在行政楼层由专人负责办理。另外，在行政楼层通常还设有客人休息室、会宾室、咖啡厅、报刊资料室等。因此，行政楼层集酒店的前厅登记、结账、餐饮于一身，为商务客人提供更加温馨的环境和各种便利，让客人享受更加优质的服务。

行政楼层为客人提供了更加周到的服务，而且很多服务项目是免费的，如免费洗衣和熨衣、免费早餐和下午的鸡尾酒会、全天免费享受咖啡和茶，以及每天免费使用会宾室两个小时等。行政楼层的房价一般要高出普通房价20%至50%。

5. 大堂副理

大堂副理是酒店维护宾客关系的核心人物，对于维护好宾客关系起到关键性的作用。大堂副理的主要职责是代表酒店总经理接待每一位在酒店遇到困难而需要帮助的客人，并在自己的职权范围内予以解决，包括回答客人问讯、解决客人的疑难问题、处理客人投诉等。因此，大堂副理是酒店与客人之间的桥梁，他是客人的益友，对于酒店建立良好的宾客关系十分重要。

在我国，三星级以上酒店一般都设有大堂副理。大堂副理可以是主管级，也可以是部门副经理级，以体现这一职位的重要性和权威性。对大堂副理的管理模式通常有两种：一是隶属于前厅部；二是由总经理办公室直接管理，大堂副理向总经理办公室主任汇报或直接向总经理汇报。以上两种模式各有其合理性和利弊。从工作性质和工作岗位的设置来讲，大堂副理应隶属前厅部，而从职责范围来讲，涉及酒店各个部门，为了便于协调管理和有效开展工作，则应由总经理办公室直接管理。还有的酒店将大堂副理划归质检部，向质检部经理或总监负责，直接处理出现在各个部门的服务质量问题和客人投诉问题，以增强其权威性。具体而言，各个酒店应根据自身的实际情况来决定。

6. 宾客关系主任

宾客关系主任是一些大型豪华酒店设立的专门用来建立和维护良好的宾客关系的岗位。宾客关系主任直接向大堂副理或值班经理负责，要与客人建立良好的关系，协助大堂副理欢迎宾客以及满足团队临时性的特别要求。宾客关系主任的职责包括协助大堂副理执行和完成其所有工作。

任务二　前台接待与销售

前台接待与销售工作是前厅部的核心工作内容。总台员工除了要为客人主动提供热情服务以外，还要增强销售意识，掌握销售工作的艺术与技巧，并尽可能缩短客人办理入住登记的等候时间，提高工作效率和客人的满意度。

前台销售工作的最佳境界是：将合适的客房推荐给合适的客人，而非将最高价格的客房推荐给客人，否则即使客人勉强接受了，心里也会不舒服，以后就不会再来，酒店将会失去一位客人和许多潜在的客人。

前台接待如图2-3所示，一般的前台系统如图2-4所示。

图2-3　前台接待

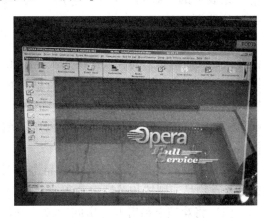

图2-4　前台系统

一、前台接待业务的内容和流程

（一）前台接待业务的主要工作内容

包括为客人办理住宿登记手续（check-in）和结账离店手续（check-out）、修改客单、更换房间、调整房价以及办理客人续住、取消入住、延迟退房等。

（二）散客入住接待程序

客人的住宿登记手续是由总台接待员负责办理的。接待员要向客人提供住宿登记表，负责查验客人有关证件，为客人开房，并指示行李员引领客人进客房。

（1）向客人问好，对客人表示欢迎。这是向客人提供礼貌服务的第一步，也是对前台接待人员最基本的要求，但国内很多酒店做得还不够。

（2）确认客人有无预订。办理住宿登记时，首先要确认客人有无预订。如果是一位预订客人，可对客人说："欢迎您，××先生（小姐），我们正等候您的光临！"以示酒店对他的关心和重视。如果客人没有预订（有的酒店称之为"散客"），在有空房的情况下，应尽量满足客人的住宿要求，并专业地向客人推荐酒店提供的包价项目以及餐厅、酒吧、游泳池、桑拿等其他服务项目。对于未经预订而抵店的客人，如果客满，可以拒绝其留宿。这时最好帮他在同等级的其他酒店联系客房，这样，客人将牢记你的善举，并且，如有机会，他下次还会光临酒店。

  3. 登记验证，安排房间。根据客人的要求为客人安排房间，同时，查验客人的身份证明（身份证、护照等），对其进行扫描，填写并打印住宿登记表，请客人签名。

  我国酒店通常设计有两种形式的住宿登记表（registration form），"国内旅客住宿登记表""境外人员临时住宿登记表"。无论是哪种形式的住宿登记表，其内容一般都包括客人的姓名、性别、国籍（籍贯）、身份证或签证（旅行证）号码、住宿期限以及房号等项内容。正确填写这些内容对于酒店经营管理有着重要意义。

  为了减少客人在大堂的逗留时间，提高工作效率和服务质量，除了提前分配房间以外，前台接待员还可以在客人抵店之前，根据客人预订资料或"客历档案"，预先将住宿登记表上的一些基本项目填好。等客人抵达之后，核实客人身份、证件，请客人签字确认即可。

  （1）收取押金。为了防止不良客人的逃账行为或损坏酒店的设施设备，同时也为了方便客人在酒店消费，为客人提供一次性结账服务，酒店通常都会要求客人在办理入住登记手续时，预付房金或押金（通常为房费总额的两倍），所付押金由总台结账处负责保管，并向客人出示收据。如果客人采用信用卡结账，接待员则要用信用卡压印机压印客人的信用卡签购单，此时接待员必须首先确认客人所持信用卡是酒店所接受的信用卡，且信用卡完好无损，并在有效期内。

  （2）询问客人是否需要贵重物品寄存服务。同时，向客人解释相关规定。如客人需要寄存贵重物品，则按相关规定和程序办理。

  （3）将欢迎卡和房卡（房间钥匙）交给客人。将填写好的欢迎卡和制作好的房卡双手递给客人。

  （4）在将房卡和钥匙交给客人后，要向客人指示客房或电梯方向，或招呼行李员为客人服务，同时预祝客人入住愉快。

  （5）将客人的入住信息通知客房部。在客人办理完入住登记手续离开柜台后，接待员要将客人的入住信息通知客房部，以便服务员做好接待准备。

  （6）制作客人账单。在账户设置表格中输入客人姓名、抵达日期、结账日期、房号、房间类型及房费等，然后将账单（一式两联）连同一份住宿登记表和客人的信用卡签购单一起交到前台收银员保存。

二、客房分配

  客房分配要根据酒店空房的类型、数量及客人的预订要求和客人的具体情况进行。为了提高工作效率，减少客人住宿登记时间，对于预订客人（尤其是团客）应在客人抵达前提前预分配房间，通常在客人抵达的前一天晚上进行。分配好后，将客房钥匙、房卡装在写有房号和客人姓名的信封内，等客人抵店并填完住宿登记表后交给客人。团体客人的房间存在两次分配，由于接待员不了解团员之间的关系，不便提前确定哪两位客人住在哪个房间，因此，在装有钥匙的信封上只能注明房号或团名，而不能写上客人姓名。对于每个房间的具体安排，要等到团队抵达后，由熟悉团队情况的领队或导游落实。

（一）客房状态

酒店客房状态通常有以下类型，见表2-1。

表2-1 酒店客房状态类型

房态	英文	中文	备注
OC	occupied clean	已清洁住客房	
OD	occupied dirty	未清洁住客房	
VC	vacant clean	已清洁空房	
VD	vacant dirty	未清洁空房	
VI	vacant inspected	已检查空房	已清洁，并经过督导人员检查，随时可出租的房间
CO	check out	走客房	客人刚离店，房间尚未清洁
OOO	out of order	待修房	硬件出现故障，正在或等待维修
OOS	out of service	停用房	由于各种原因，已被暂时停用的房间
BL	blocked room	保留房	为团体客人、预订客人以及重要客人等预留的房间
SK	skip	走单房	一种差异房态：前厅房态为占用房，而管家房态为空房
SL	sleep	睡眠房	指前厅房态为空房，而管家房态为占用房
S/O	sleep out	外宿房	住店客人外宿未归
LL	occupied with light luggage	携少量行李的住客房	
NB	no baggage	无行李房	
DND	do not disturb	请勿打扰房	客房的请勿打扰灯亮着，或门把手上挂有"请勿打扰"牌
DL	double locked	双锁房	酒店（或客人）出于安全等某种目的而将房门双锁

（二）客房分配的艺术

1. 排房的顺序

客房分配应按一定顺序进行，优先安排贵宾和团体客人等，通常顺序如下：

(1) 团体客人。

(2) 重要客人（VIP）。

（3）已付定金等保证类预订客人。
（4）要求延期的预期离店客人。
（5）普通预订客人（有准确航班号或抵达时间）。
（6）常客。
（7）无预订的散客。
（8）不可靠的预订客人。

2. 排房的艺术

（1）为了提高酒店开房率和客人的满意度，客房分配应讲究一定的艺术。

要尽量使团体客人（或会议客人）住在同一楼层或相近的楼层，便于同一团队客人之间的联系，便于团队的管理。在团队离店后，便于将空余的大量房间安排给下一个团队，有利于提高住房率。此外，散客由于怕受到干扰，一般不愿与团队客人住在一起。因此，对于团队客人要提前分好房间或预先保留房间。

（2）对于残疾、年老、带小孩的客人，尽量安排在离电梯较近的房间。

（3）把内宾和外宾分别安排在不同的楼层。内宾和外宾有不同的语言和生活习惯，因此，应分别安排在不同的楼层，以方便管理，提高客人的满意度。

（4）不要把敌对国家的客人安排在同一楼层或相近的房间，如美国客人和伊拉克等中东国家客人。存在较大文化差异的国家的客人也可安排在不同楼层。

（5）要注意房号的忌讳。如西方客人忌"13"，我国沿海及港澳地区的客人忌"4""14"等带有"4"的楼层或房号，因此，不要把这类房间分给上述客人。考虑到这些忌讳，一些酒店连"13"层楼都没有标出，而用"12A"代替。

（6）晚到的宾客，应尽量安排隔壁无人的房间。每天凌晨，酒店都会迎来一些宾客。这些宾客抵达后，在走廊内边走边聊天、洗漱、看电视、打电话等都会产生一些噪声，可能对周边的宾客产生影响。因此，酒店在为此类宾客排房时，应尽量安排隔壁无人的房间。如果房间入住率比较高，应在靠近电梯边的角落安排房间，将其影响降至最低。

（7）对于常客和有特殊要求的客人，予以照顾。回头客是酒店的宝贵资源，为了让回头客成为忠诚顾客，酒店一般会收集回头客的消费习惯，形成"客史档案"。一旦有回头客预订，预订中心要及时查看客史档案，根据其喜好的房间号码、朝向、楼层、房型等安排房间。如果因房间较满等无法满足其个性化需求，应在客人未抵达前电话通知宾客，并采取一些弥补措施，赢得宾客的谅解。一旦其他宾客退房，能满足其要求，应及时征询其意见看是否调换房间。

三、前台销售的艺术

如果说客房部和餐饮部是酒店的生产部门，那么前厅部就是酒店的销售部门，尤其是在没有设立独立的市场销售部门的酒店，前厅部要承担起酒店的全部销售任务。因此，前厅部员工一定要掌握前台销售的艺术与技巧。

（一）把握客人的特点

不同的客人有不同的特点，对酒店也有不同的要求。比如，商务客人通常是因公出差，则对房价不太计较，但要求客房安静，光线明亮（有可调亮度的台灯和床头灯），办公桌宽大，服务周到、效率高，酒店及房内办公设备齐全（如安装有国内、国际程控直拨电话以及电脑、打印机、传真机等现代化设备），有娱乐项目；旅游客人要求房间景色优美、干净卫生，但预算有限，比较在乎房价；度蜜月者喜欢安静、不受干扰且配有一张大床的双人房；知名人士、高薪阶层及带小孩的父母喜欢套房；年老的和有残疾的客人喜欢住在靠近电梯和餐厅的房间。因此，总台接待员在接待客人时，要注意从客人的衣着打扮、言谈举止以及随行人数等方面把握客人的特点（年龄、性别、职业、国籍、旅游动机等），进而根据其需求特点和心理，做好有针对性的销售。

（二）销售的重点在客房而非价格

接待员在接待客人时，一个常犯的错误就是只谈房价，而不介绍客房的特点，结果常常使很多客人望而却步，或者勉强接受，心里却不高兴。因此，接待员在销售客房时，必须对客房做适当的描述，以减弱客房价格的分量，突出客房能够满足客人的需要。比如，不能只说："一间500元的客房，您要不要？"而应说："一间刚装修过的、宽敞的客房""一间舒适、安静、能看到美丽的海景的客房""一间具有民族特色的、装修豪华的客房"等，这样的描述更加容易被客人所接受。当然，要准确地描述客房，必须首先了解客房的特点。这是对前台员工最基本的要求之一。酒店可安排他们参观客房，并由专人讲解客房特点，以加深印象。

（三）从高到低报价

从高到低报价，可以最大限度地提高客房的利润率和客房的经济效益。当然，这并不意味着接待每一位客人都要从"总统间"开始推荐，而是要求接待员在接待客人时，首先确定一个客人可接受的价格范围（根据客人的身份、来访目的等特点判断），在这个范围内，从高到低报价。根据消费心理学，客人常常会接受最先推荐的房间，如客人嫌贵，可降一个档次，向客人推荐价格次低房，这样就可将客人所能接受的最高房价的客房销售出去，从而提高酒店经济效益。

前台接待人员在销售客房时，还要注意不要一味地向客人推销高价客房，否则，会使客人感到尴尬，甚至产生反感情绪，或者即使勉强接受了，今后也不会再次光顾，酒店也将失去这位客人。所以，最理想的状况是将最适合客人消费水平的房间推荐给客人，即最合适的房间推荐给最合适的客人。

（四）选择适当的报价方式

根据不同的房间类型，客房报价的方式有三种：

1. "冲击式"报价

即先报价格，再提出房间所提供的服务设施与项目等，这种报价方式比较适合价格较低的房间，主要针对消费水平较低的顾客。

2. "鱼尾式"报价

先介绍所提供的服务设施与项目，以及房间的特点，最后报出价格，突出物美，减弱价格对客人的影响。这种报价方式适合中档客房。

3. "夹心式"报价

"夹心式"报价又称"三明治"式报价,即在介绍所提供的服务项目的过程中进行报价,这能起到减弱价格分量的作用。例如,"一间宽敞、舒适的客房,价格只有 600 元,这个房价还包括一份早餐、服务费、一杯免费咖啡"。这种报价方式适用于中高档客房,可以针对消费水平高、有一定地位和声望的顾客。

(五)注意语言艺术

前台员工在推销客房、接待客人时,说话不仅要有礼貌,而且要讲究艺术性。否则,即使没有恶意,也可能会得罪客人,至少不会使客人产生好感。比如,应该说:"您运气真好,我们恰好还有一间漂亮的单人房!"而不能说:"单人房就剩这一间了,您要不要?"

(六)客人犹豫不决时,可以带领客人进客房参观

客人犹豫不决之时是客房销售能否成功的关键时刻,此时,前台接待员要正确分析客人的心理活动,耐心地、千方百计地去消除他们的疑虑,多提建议,不要轻易放过任何一位可能住店的客人,任何忽视、冷淡与不耐烦的表现都会导致销售的失败。

(七)采取利益引诱法

这种方法是针对已经预订房间的客人而言的,有些客人虽然已经预订,但预订的房间价格较为低廉,当这类客人来到酒店住宿登记时,总台接待员有对他们进行二次销售的机会,即告诉客人,只要在原价格的基础上稍微补价,便可得到更多的好处或优惠。比如,"您只要多付 50 元钱,就可享受包价优惠,除房费外,还包括早餐和午餐。"这时,客人往往会接受服务员的建议。这样不仅增加酒店的收益,还使客人享受到了更多的优惠,在酒店有更愉快的经历。前厅部员工应该明白,自己的职责不仅是销售酒店客房,还要不失时机地销售酒店其他服务产品,比如餐饮、娱乐等。酒店的很多服务设施和项目如果不向客人宣传,就有可能无人消费,因为客人不了解。其结果是,客人感到不够方便,酒店也蒙受了损失。在向客人推荐这些服务时,应注意时间与场合。若客人傍晚抵店,可以向客人介绍酒店餐厅的特色和营业时间、酒店的娱乐活动内容及桑拿服务;若深夜抵店,可向客人介绍 24 小时咖啡厅服务或房内用膳服务;若经过通宵旅行,清晨抵店,很可能需要洗衣及熨烫外套,这时应向客人介绍酒店洗衣服务。

任务三 礼宾服务与管理

前厅部礼宾服务的主要内容包括:接机服务、客人迎送、门口迎宾、行李接送、行李寄存、邮件递送、留言找人、委托代办、物品租借、投诉客人接待、用车安排、停车管理等,这些是酒店对客服务的重要组成部分,在很大程度上体现酒店的对客服务质量。礼宾部如图 2-5 所示。

门童(doorman)又称"门迎",是站在酒店入口处负责迎送客人的前厅部员工。门童值班时,通常身着有醒目标志的制服,显得精神抖擞,同时,还能营造一种热情迎客的气氛,满足客人受尊重的心理需求。

图 2-5 礼宾部

一、门童的岗位职责

(一) 迎宾

首先,客人抵达时,门童要向客人点头致意,表示欢迎。如遇客人乘车而来,则应替客人打开车门,将右手放在车门上方(佛教和伊斯兰教客人例外),并提醒客人"小心碰头",同时,要注意扶老携幼。其次,门童要协助行李员卸下行李,查看车内有无遗留物品。为了防止客人将物品遗留在车内,酒店可要求门童记下客人所乘出租车的车牌号,并将号码转交给客人。

(二) 指挥门前交通

门童要掌握酒店门前交通、车辆出入以及停车场的情况,准确迅速地指示车辆停靠地点。大型车辆阻挡在门口会妨碍客人出入,故应让其停在偏离酒店正门口的位置。

(三) 做好门前保安工作

门童应利用其特殊的工作岗位,做好酒店门前的安全保卫工作。注意门前来往行人,警惕可疑分子,照看好客人的行李物品,确保酒店安全。另外,对于衣冠不整、有损酒店形象者,门童可拒绝其入内。

(四) 回答客人问讯

因工作岗位的位置特殊,门童经常会遇到客人有关店内、外情况的问讯,如酒店内有关设施和服务项目,有关会议、宴会、展览会及文艺活动的举办地点、时间等,以及市区的交通、游览点和主要商业区等情况。对此,门童均应以热情的态度,给予客人正确、肯定的答复。

(五) 送客

对于结完账要离店的客人,门童要打开大门,帮助客人装好行李。当客人上车时,预祝客人旅途愉快，并感谢客人的光临。在汽车起动后带着感谢的神情目送客人离开视线，以防客人有其他需求，及时跟进服务。对于逗留中暂时外出的客人，说一声"您走好"就够了。客人要离店，还是暂时外出，从行李和气氛中基本可以判断出来。

二、门童的素质要求

管理人员可选用具有下列素质的员工担任门童：

第一，形象高大、魁梧。与酒店的建筑、门面一样，门童的形象往往代表了整个酒店的形象，因此，要求门童身材高大、挺拔。

第二，记忆力强。能够快速记住客人的相貌、行李件数以及出租车的牌号。

第三，目光敏锐、接待经验丰富。门童在工作时可能会遇到形形色色、各种各样的人或事，必须妥善、灵活机智地加以处理。

第四，知识面广。能够回答客人有关所在城市的交通、旅游景点等方面的问题。

做一名优秀的门童并不容易，世界著名的日本新大谷酒店的负责人曾说过："培养出一名出色的门童往往需要花上十多年的时间。"这句话虽然可能有点夸张，但说明了门童的重要性和较高的素质要求。

三、门童的选择

为了体现酒店的特色，增强酒店对社会公众及客人的吸引力，酒店门童的选择可以有一定的特色。

（一）由女性担任门童

酒店的门童通常由男性担任，所以被称为"doorman"，但使用女性也未尝不可，因为餐厅的迎宾员大都由女性担任。由女性担任门童不仅具有特殊的魅力，而且能够突破传统，标新立异，从而受到客人的欢迎。事实上，国内已有酒店开始启用女性担任酒店的门童，如国际假日集团管理的广州"文化假日酒店"的门童就由一位身着黑色燕尾服、具有英国"绅士"风度的漂亮小姐担任。

（二）由长者担任门童

虽然称之为"门童"，但这一岗位并非一定要由青年人担任，有气质、有特点的老年人同样可以做好门童工作，而且可以成为酒店的一大特色和吸引客人、扩大影响的一大"卖点"。济南有一家酒店曾经登报向社会公开招聘了几位学识渊博、气质高雅的退休老教授担任门童，这些老教授面目慈祥、热情礼貌、微笑服务，赢得了社会的赞许和广大顾客的好感，起到了良好的宣传作用，为酒店带来了收益。

（三）雇用外国人做门童

除了考虑用女性和长者担任门童以外，还可以考虑雇用外国人（如印度人）等做门童，使酒店具有异族情调，树立酒店的国际化形象，增强对国内外客人的吸引力。

四、行李服务管理

行李员（bellman）的工作岗位位于酒店大堂一侧的礼宾部。礼宾部主管（或金钥匙）在此指挥、调度行李服务及其他大厅服务。每天早上，礼宾部主管要从电脑上查询或认真阅读、分析由预订处和接待处送来的预计"当日抵店客人名单"（expected arrivals）和"当日离店客人名单"（expected departures），了解当日客人的进出店情况，做好工作安排。以上两个名单中，尤其要注意 VIP 和团体客人的抵离店情况，以便做好充分准备，防止出现差错。在此基础上，做出当日的工作安排计划，并召集全体行李员布置任务。

行李员还是酒店与客人之间的桥梁，通过他们的工作可以使客人感受到酒店的热情好客。因此，对于管理较好的酒店而言，行李员是酒店的宝贵资源。行李车如图 2-6 所示。

图 2-6　行李车

（一）行李部领班的岗位职责

行李领班的岗位职责是支持和协助主管的工作，完成上级管理部门和人员下达的所有指令，管理并带领行李员、门童为客人提供服务。

（1）协助主管制订工作计划，准备好部门员工的排班表。

（2）监督、指导、协助行李员和门童完成其工作任务，督促行李员认真做好行李的搬运记录工作。

（3）确保抵、离店客人及时得到优质的行李服务。对抵、离店客人分别表示欢迎和欢送，必要时为客人提供搬运行李等服务。

（4）为住店客人提供各种力所能及的帮助，引导客人参观房间设施，并适时地向客人介绍酒店的其他设施。

（5）重视客人的投诉，并把这些投诉转达给相关部门，以便迅速解决。

（6）协助酒店有关部门和人员为住店客人过生日、办周年纪念活动等。

（7）每天检查行李部设施，确保处于良好的工作状态，做好行李部设备的保管、清洁和保养工作。

（8）留意宴会指南和大厅内其他布告，保持其正常放置。

（9）认真填写交接班本，记下已完成的工作内容及有待下一班继续完成的工作，并写上日期、时间和姓名。

（二）行李员的素质要求

世界闻名的日本帝国酒店对行李员提出的要求是：看到提行李的顾客走进大门时，立即帮他打开大门，接过行李；看到大厅内顾客脸上出现迷惑的表情时，应尽快以自然温和的态度接近他，询问可以提供什么帮助；在任何情况下都要注意观察顾客，学会在一瞬间"读出"顾客下一步想要做什么，以便准确地提供他们所期望的服务。

行李员不仅负责为客人搬运行李，还要向客人介绍店内服务项目及当地旅游景点，帮助客人熟悉周围环境，跑差（送信、文件等）、传递留言、递送物品，替客人预约出租车。此外，为了做好行李服务工作，要求行李领班及行李员具备一定的素质，掌握一定的知识，了解店内外诸多服务信息。

（1）能吃苦耐劳，眼勤、嘴勤、手勤、腿勤，和蔼可亲。
（2）性格活泼开朗，思维敏捷。
（3）熟悉本部门工作程序和操作规则。
（4）熟悉酒店内各条路径及有关部门位置。
（5）了解店内客房、餐饮、娱乐等各项服务的内容、时间、地点等。
（6）广泛了解当地名胜古迹、旅游景点和购物点，尤其是那些地处市中心的购物场所，以便向客人提供准确的信息。

五、金钥匙介绍

"金钥匙"是一种"委托代办"（concierge）服务岗位。"concierge"一词最早起源于法国，指古代城堡的守门人，后演化为酒店的守门人，负责迎来送往酒店的钥匙，随着酒店业的发展，其工作范围不断扩大，在现代酒店业中为客人提供全方位"一条龙"服务。其代表人物就是"金钥匙"，他们见多识广、经验丰富、谦虚热情、彬彬有礼、善解人意。如图 2-7 所示。

"金钥匙"通常身着燕尾服，上面别着十字形金钥匙，这是委托代办的国际组织——国际酒店金钥匙组织联合会会员的标志，它象征着酒店服务人员就如同万能的"金钥匙"一般，可以为客人解决一切难题。"金钥匙"虽然不是无所不能，但一定要竭尽所能，这就是"金钥匙"的服务哲学。

（一）"金钥匙"的岗位职责

（1）保持个人的职业形象，以大方得体的仪表、亲切自然的言谈举止迎送抵、离酒店的每一位宾客，对进、离店客人给予及时关心。

（2）全方位满足住店客人提出的特殊要求，如行李服务、安排钟点医务服务、托婴服务、沙龙约会、推荐特色餐馆、导游、导购等多种服务，对客人有求必应。

图 2-7 金钥匙

（3）协助大堂副理处理酒店各类投诉。
（4）检查大厅及其他公共活动区域。
（5）协同保安部对行为异常的客人进行调查。
（6）对行李员的工作活动进行管理和控制，并做好有关记录。
（7）将上级命令、所有重要事件记在行李员、门童交接班本上，每日早晨呈交前厅经理，以便查询。
（8）协调酒店门前车辆活动。
（9）对受前厅部经理委派进行培训的行李员进行指导和训练。
（10）在客人登记注册时，指导行李员为客人提供帮助。
（11）与团队协调关系，使团队行李顺利运送。
（12）确保行李房和酒店前厅卫生的清洁。
（13）保证大门外、门内、大厅三个岗位都有值班人员。
（14）保证服务设备运转正常；随时检查行李车、行李存放架、轮椅等设备。

除了上述职责以外，现代化的酒店往往需要为客人提供一项全新而又急需的服务：电脑与通信技术支持，这逐渐成为"金钥匙"的一项新的职责。美国丽思·卡尔顿酒店的一位"金钥匙"谈道："现在的商务客人中约有80%使用手提电脑，经常有人找我们帮忙，一周中有好几天，甚至多达20至25人都不足为怪。"

（二）金钥匙的素质要求

"金钥匙"要以其先进的服务理念、真诚的服务思想，通过其广泛的社会联系和高超的服务技巧，为客人解决各种问题，提供高水平的酒店服务。因此，"金钥匙"必须具备很高的素质。

1. 思想素质
（1）遵守国家法律、法规，遵守酒店的规章制度，有较强的组织纪律性。
（2）敬业乐业，有耐心，热爱本职工作，有高度的工作责任感。
（3）遵循"客人至上，服务第一"的宗旨，有很强的顾客意识、服务意识。
（4）待人热情，乐于助人。
（5）忠诚。对客人忠诚，对酒店忠诚，不弄虚作假，有良好的职业道德。
（6）有协作精神和奉献精神，个人利益服从国家利益和集体利益。
（7）谦虚、宽容、积极、进取。

2. 能力要求
（1）交际能力：彬彬有礼，善解人意，乐于并善于与人沟通，应有耐心。
（2）语言表达能力：表达清晰、准确。
（3）身体健康，精力充沛。能适应长时间站立工作和户外工作。
（4）应变能力：能把握原则，以灵活的方式解决各种问题。
（5）协调能力：能够建立广泛的社会关系和协作网络，能正确处理好与相关部门的协调工作。

金钥匙除了应具备待人热情的品质和丰富的知识以外，还应建立广泛的社会关系和协作网络，这是完成客人各种委托代办事项的重要条件。因此，金钥匙必须具备很强的人际交往能力和协作能力，善于广交朋友，拥有较广的社会关系网。上至政府官员，下至市井平民，金钥匙都要与他们交往，平时愿意帮助他们，必要时可求助于他们，办成仅靠自己办不成的事情。

当然，金钥匙要建立广泛的社会关系网络，必须以酒店的优势为依托。高档大酒店的知名度、社会影响力是金钥匙建立各种社会关系，开展委托代办服务的强大后盾，离开了这些，金钥匙将寸步难行。

3. 业务知识和技能

金钥匙必须亲切热情，学识渊博，熟悉酒店业务及旅游等有关方面的知识，了解酒店所在地区旅游景点、酒店及娱乐场所的信息。金钥匙必须掌握的业务知识和技能包括：

（1）熟练掌握本职工作的操作流程。

（2）通晓多种语言。按照中国酒店"金钥匙"组织会员入会考核标准，申请者必须会说普通话，至少掌握一门外语。

（3）掌握中英文打字、电脑文字处理等技能。

（4）掌握所在酒店的详细信息，包括酒店历史、服务设施、服务价格等。

（5）熟悉本地区三星级以上酒店基本情况，如地点、服务设施、特色和价格水平。

（6）熟悉本市主要旅游景点，包括地点、特色、服务时间、业务范围等。

（7）掌握一定数量的本市高、中、低档的餐厅、娱乐场所、酒吧的信息资料，包括地点、特色、服务时间、价格水平等。

（8）帮助客人购买各种交通票，了解售票处的服务时间、业务范围。

（9）帮助客人安排市内旅游，掌握线路、花费的时间、价格、联系方式。

（10）帮助客人修补物品，包括手表、眼镜、小电器、行李箱、鞋等，掌握维修处的地点和服务时间。

（11）帮助客人邮寄信件、包裹、快件，了解邮寄事项的要求和手续。

（12）熟悉本市的交通情况，掌握从本酒店到车站、机场、码头、旅游点、主要商业街的路线、路程和出租车价格。

（13）帮助外籍客人解决签证延期等问题，掌握有关单位的地点、工作时间、联系电话和办事手续。

（14）帮助客人查找航班托运行李的去向，掌握部门联系电话和领取行李的手续等。

【课堂充电】

中国酒店金钥匙组织会员的资格要求

★ 在酒店前台工作的前厅部或礼宾部高级职员才能被考虑接纳为金钥匙组织的会员。

★ 21岁以上，人品优良，相貌端庄。

★ 从事酒店业5年以上，其中3年须在酒店大堂工作，为酒店客人提供服务。

★ 有两位中国酒店"金钥匙"组织正式会员的推荐信。

★ 一封申请人所在酒店总经理的推荐信。

★ 过去和现在从事酒店服务工作的证明文件。

★ 掌握一门以上的外语。

★ 参加过由中国酒店"金钥匙"组织举办的服务培训。

任务四　总机服务与管理

总机是酒店内外信息联络的通信枢纽。总机话务员以电话为媒介,直接为客人提供各种话务服务,其服务质量的好坏,直接影响客人对酒店的印象,也直接影响酒店整体运作。如图2-8所示。

图2-8　总机

一、总机服务业务范围

(一) 电话接转服务

电话接转服务包括接转酒店内、市内及国内、国际长途电话。在接转电话时,接线员应使用热情、礼貌、温和的服务语言,具备熟练的接转技能。为了能准确、快捷、有效地接转电话,话务员应熟记常用电话号码,了解本酒店的组织机构以及各部门的职责范围,正确掌握最新的住客资料,并尽可能多地辨认常客、VIP、酒店管理人员及服务人员的声音。现代酒店一般都采用了国内、国际程控直拨电话(简称DDD和IDD),客人在打长途电话时,可以不经过总机,通过拨号自动接通线路。通话结束后,计算机能自动计算出费用并打印出电话费用单。

(二) 叫醒服务

电话叫醒服务(wake-up call)是酒店对客服务的一项重要内容。它涉及客人计划和日程安排,特别是叫早服务(morning call)往往关系到客人的航班和车次。如果叫醒服务出现差错,会给酒店和客人带来不可弥补的损失。酒店叫醒服务分为人工叫醒和自动叫醒两种。人工叫醒是指向客人提供人工叫醒的酒店总机必须具备总机交换台、定时钟、叫醒登记表等。自动叫醒服务与人工叫醒服务相比,更为精确,并节省人力。无论是人工叫醒还是自动叫醒,话务员在受理时,都应认真、细致、慎重,避免差错和责任事故的发生。一旦出现失误,不管责任在酒店还是在客人都应给予高度重视,积极采取措施,而不要纠缠责任。同时，还应注意叫醒的方式。例如，用姓名称呼客人；对 VIP 派专人人工叫醒等，尽可能使客人感到亲切。若能在叫醒服务时将当天的天气情况通报给客人，并询问是否需要其他服务，更会给客人留下美好深刻的印象。

（三）代客留言与问讯服务

客人来电话找不到受话人时，话务员应主动向通话人建议，是否需要留言。许多酒店是自动进入语音信箱，如果客人需要人工留言，一是转至留言台留言，二是总机记录下来，之后通知前台。留言时要问清留言人的姓名、电话号码和受话人姓名、房号；记录留言内容，并复述一遍，尤其注意核对数字；答应在指定的时间内将留言转交受话人，请对方放心；开启客人房间的留言信号灯；受话人回来后打电话询问时，把留言传达给客人。店内外客人常常会向酒店总机提出各种问讯，因此，话务员要像问讯处员工一样，掌握店内外常用的信息资料，尤其是酒店各部门及本市主要机构的电话号码，以便对客人的问讯、查询做出热情、礼貌、准确而迅速的解答。

（四）"免电话打扰"服务

对要求房号保密的住店客人，如果并没有要求不接任何电话，可问清来电话者姓名、单位等，然后告诉客人，询问客人是否接听电话。如果客人表示不接任何电话，应立即通知总台在计算机中输入保密标志，遇来访或电话查询，即答客人未住本酒店。如果房间客人做了"免电话打扰"（do not disturb，DND），应礼貌地向来电话者说明，并建议其留言或待取消"免打扰"之后再来电话。

（五）店内报警

当酒店发生紧急情况（火灾、水灾、伤亡事故、恶性刑事案件等）时，酒店总机要协助酒店管理者充当临时协调指挥中心，话务员要做到冷静、果断，并迅速地完成沟通任务。

二、总机的业务岗位

（一）总机主管的工作职责

（1）掌握酒店客房状态及客人情况。
（2）调查客人关于电话服务方面的投诉，并做适当处理。
（3）当工作需要时，自己也应在岗位上按照工作程序和标准做接线工作。
（4）定期对本部门员工实施绩效评估，按照奖惩制度实施奖惩。
（5）组织督导实施本部门员工培训。
（6）安排下属班次，布置任务，并督导其日常工作，保证工作正常运行。
（7）随时检查并保证呼叫系统能正常运行。
（8）将所有不断更新的信息记录下来，并转达给所有接线员。
（9）熟悉长途及市内电话操作业务规程，掌握长途话务与人工电话交换机操作知识，掌握自动电话交换机或程控交换机值机操作知识。
（10）了解话机线路布局及相关设备维护保养的基本常识，熟知国内外常用电话号码。

(11) 指导话务员的话务接线工作，保证电话通信"迅速、准确、安全、方便"。
(12) 能处理通信业务中的突发事件及客人投诉，能考核话务员服务质量。

（二）话务员的工作职责

(1) 按照工作程序和标准为客人接转内、外线电话，国际、国内长途。
(2) 将手工记录的电话费用送到前台入账。
(3) 处理外线电话，将它们转到所需分机，当没有人听电话时，一定要主动询问客人是否需要留言。
(4) 为客人提供叫醒服务。
(5) 按照工作程序和标准处理客人留言及紧急报警。
(6) 按照标准和程序处理报警工作。
(7) 解答客人所有询问。
(8) 帮助客人及酒店人员寻呼所需寻找的人。
(9) 保持电话室内的清洁，做好交接班工作。
(10) 能独立完成电话值机操作和维护工作，并能处理和排除一般常见故障，能处理信号所表示的障碍和用户电告，果断处理用户合理要求。
(11) 使用标准业务用语（外语、普通话），口齿清晰，语言准确。
(12) 熟练掌握长途及市内电话操作业务规程及计费方法。
(13) 熟悉总经理、各部门经理的手机号码，熟悉各个经理的声音和讲话习惯。

三、总机服务的基本要求

总机服务在酒店对客服务中扮演着重要角色。每一位话务员的声音都代表着"酒店的形象"，是酒店"只听悦耳声，不见微笑容"的幕后服务大使。话务员应以热情的态度、礼貌的语言、甜美的嗓音、娴熟的技能优质高效地对客服务，使客人能够通过电话感觉到来自酒店的热情、礼貌和修养，甚至感受到酒店的档次和管理水平。其中，话务员的素质要求具体如下：修养良好，责任感强；口齿清楚，音质甜美，语速适中；听写迅速，反应敏捷；专注认真，记忆力强；有较强的外语听说能力；有酒店话务工作经历，熟悉电话业务；熟悉计算机操作和打字技术；有较强的信息沟通能力；掌握酒店服务、旅游景点及娱乐等知识与信息；严守话务机密。

任务五　行政楼层管理

一、行政楼层员工的素质要求

为了向商务客人提供更加优质的服务，要求行政楼层员工——无论管理人员还是服务人员，都必须具备较高的综合素质：
(1) 气质高雅，有良好的外在形象和身材。
(2) 工作耐心细致，诚实可靠，礼貌待人。
(3) 知识面宽，有扎实的文化功底和专业素质，接待人员最好有大专以上学历，管理人员应有本科以上学历。

（4）熟练掌握行政楼层各项服务程序和工作标准。

（5）英语口语表达流利，英文书写能力达到高级水平。

（6）具备多年酒店前厅、餐饮部门的服务或管理工作经验，掌握接待、账务、餐饮、商务中心等方面的服务技巧。

（7）有较强的合作精神和协调能力，能够与各业务部门协调配合。

（8）善于与宾客交往，掌握处理客人投诉的技巧。

二、行政楼层员工的工作描述

（一）行政楼层经理

直接上级：前厅部经理。

直接下属：行政楼层主管。

岗位职责：

（1）全面负责对行政楼层所属员工的日常培训和督导工作，确保为客人提供高效的优质服务。

（2）掌握与行政楼层有关的各种信息，掌握房间状态和客人的情况。

（3）组织迎接所有住在行政楼层的客人。

（4）检查下属的工作准备情况。

（5）与销售部沟通信息，协调工作。

（6）与餐饮部沟通协调有关行政楼层所涉及的餐饮问题。

（7）与工程部协调，确保设备设施时刻处于良好状态。

（8）与客房部保持联系，确保为客人提供高标准的优质服务。

（9）与采购部协调，确保酒单及酒水的供应。

（10）处理客人投诉及紧急情况。

（11）主持班前、班后的例会。

（12）督导员工的培训，定期对下属进行工作绩效评估。

（二）行政楼层主管

直接上级：行政楼层经理。

直接下属：行政楼层领班。

岗位职责：

（1）协助行政楼层经理管理并督导下属的工作。

（2）了解有关行政楼层的各种信息、客房的状态及客人的情况。

（3）检查出勤及员工的仪容仪表。

（4）安排下属的班次，布置任务。

（5）检查接待员、服务员的工作程序、标准。

（6）直接参与接送所有住行政楼层的客人，为客人提供入住、结账及餐饮服务。

（7）与采购部、财务部、销售部、餐饮部、工程部等部门保持联系，协调合作。

（8）处理客人投诉及紧急情况。
（9）组织并实施对下属的培训。
（10）完成行政楼层经理指派的工作。
（11）合理使用员工，并对员工的工作进行评估。
（12）了解市场和宾客需求。

（三）行政楼层领班

直接上级：行政楼层主管。

直接下属：行政楼层接待员。

岗位职责：

（1）协助行政楼层经理及主管做好服务接待工作。
（2）了解客人、客房的情况及有关的信息。
（3）做好客人到店前的准备工作。
（4）迎接到店的客人并介绍行政楼层提供的服务项目及设备设施的使用。
（5）组织并为客人提供早餐、下午茶和鸡尾酒服务。
（6）检查客房状况，督导员工做好休息厅清扫工作，保持清洁卫生。
（7）保管好各类物品。
（8）提出每周的酒类库存及每日的鲜花水果申请。
（9）完成经理或主管分派的其他工作。

（四）行政楼层接待员

直接上级：行政楼层领班。

岗位职责：

（1）每日检查预抵、预离客人的名单，VIP名单，房间数和一些特殊的要求。做入住登记准备工作、收取信件、制作表格。
（2）当客人到来时，准确、礼貌地问候客人。
（3）向客人介绍房间的设施及服务项目。
（4）为客人提供欢迎茶。
（5）将每位客人的具体情况记入电脑，以了解客人的特殊要求。
（6）保证所有设施、设备和器具处于良好状态。
（7）与所有行政楼层人员保持有效的联系并在交班日志上做准确的记录。
（8）与管家部保持联系，确保行政楼层公共区域处于最佳状态。
（9）协助经理、主管准备账单及结账，安排交通工具送别。
（10）负责早餐、下午茶、鸡尾酒服务工作。
（11）为客人提供熨衣、机票确认以及会议、商务等服务。
（12）把所有客人投诉反映给主管，并在班次结束后，与下一班做好交接工作。

三、行政楼层日常工作流程

每天早晨，行政楼层接待员首先需要签到，并到信箱拿取有关邮件，并与夜班交接班。

然后打出房间状况报表,包括当日到店和在店的客人名单。在客人名单上将当日预计离店客人用彩笔标出,以便对当日离店客人做好相应服务。

行政楼层当班人员按职责进行分工,一组负责接待、收银、商务中心等工作,另一组负责早餐、送鲜花和水果工作。

准备鲜花、水果。检查前一天夜班准备的总经理欢迎卡、行政楼层欢迎卡,根据当日到店客人名单逐一核对。需要注意,鲜花、水果及两个欢迎卡要在客人到店之前送入预分好的房间内。提供早餐。早餐结束后开当日例会,由主管传达酒店信息及酒店近期重要活动。为到店客人办理入住手续及呈送欢迎茶,为离店客人办理结账并与客人道别。检查客人是否需要熨衣、商务秘书、确认机票等服务,随时为客人提供帮助,并告知哪些服务是免费的。

两组员工要根据当时的情况互相帮助,相互配合。宾客关系主任查房并将鲜花、水果、欢迎卡送入每个预计到店客人的房间。中班需要打出报表,检查房间卫生及维修工作。与早班交接班。负责下午茶和鸡尾酒服务。中班需做第二天的准备工作,如打印第二天的欢迎卡、申领水果和酒水等。夜班时,前厅部和客房部将代理行政楼层进行相应的服务工作。

任务六 宾客关系管理

搞好宾客关系对于提高客人的满意度,扩大市场份额,在激烈的市场竞争中取得竞争优势,具有十分重要的意义,因此,各酒店都十分重视宾客关系管理,建立客历档案,设立大堂副理或值班经理、宾客关系主任(GRO)等工作岗位,专职负责宾客关系的改善。同时,要求各部门的员工在不断提高服务质量的基础上,努力改善宾客关系,不仅要使客人满意,而且要通过自身的努力,使客人喜出望外。

宾客关系管理的任务是使不满意的客人转变为满意的客人,使满意的客人转变为喜出望外的客人,并最终成为酒店的忠诚客人。大堂副理(assistant manager)与宾客关系主任(guest relation office,GRO)是酒店维护宾客关系的核心人物,对于维护好宾客关系起到关键性的作用。

一、大堂副理

走进富丽堂皇的酒店大堂,通常会看到在其一侧有一张雅致的桌子,上面摆放着鲜花,旁边坐着一位能讲一口流利英语、和颜悦色的工作人员,他(她)就是酒店的大堂副理。如图2-9所示。

(一)大堂副理的工作描述

直接上级:前厅部经理。
直接下级:前厅部员工。
岗位职责:
(1)代表酒店管理机构处理客人投诉,解决客人的疑难问题,及时将客人意见、服务质量方面的问题向总经理汇报,并提出改进方案。
(2)作为酒店管理机构的代表检查各部门员工的纪律、着装、仪容仪表及工作状况。代表总经理做好日常贵宾接待工作,完成总经理临时委托的各项工作。

图 2-9 大堂副理

(3) 回答宾客的一切询问,并向宾客提供一切必要的协助和服务。

(4) 维护大堂秩序,确保宾客的人身和财产安全,以及酒店员工和酒店财产的安全。

(5) 抽查酒店各部门的清洁卫生工作及设备设施的维护保养水准。

(6) 负责协调处理宾客的疾病和死亡事故。

(7) 征求宾客意见,维系酒店与宾客间的情感,维护酒店的声誉。

(8) 处理客人的投诉事件。

(9) 每日参加部门经理例会,通报客人投诉、员工违纪等情况,并提出相关建议。

(10) 协助前厅部经理指导并检查前台、预订处、总机、门童和礼宾部的工作,做好前厅部的日常管理。

(11) 协助前厅部员工处理好日常接待中出现的各种问题(如超额预订问题、客人丢失保险箱钥匙、客人签账超额而无法付款、逃账事件及其他账务等问题)。

(12) 协调前厅部与各部门之间的关系。

(13) 完整、详细地记录在值班期间所发生和处理的任何事项,将一些特殊的、重要的及具有普遍性的内容整理成文,交前厅部经理阅后呈总经理批示。

(14) 协助保安部调查异常事物和不受欢迎的客人。

(15) 认真做好每日的工作日志,对重大事件认真记录存档。

(二) 大堂副理的任职条件

(1) 受过良好的教育,大专以上学历。

(2) 在前台岗位工作三年以上,有较丰富的酒店实际工作经验,熟悉客房、前厅工作,略懂餐饮、工程和财务知识。

(3) 有良好的外部形象,风度优雅,彬彬有礼、不卑不亢。

(4) 能应对各类突发事件,遇事沉着,头脑冷静。

(5) 个性开朗,乐于且善于与人打交道,有高超的人际沟通技巧。能妥善处理好与客人、各部门之间的关系,有较强的文字及口头表达能力。

(6) 口齿清楚,语言得体。

(7) 外语流利，能用一门以上外语（其中一门是英语）与客人沟通。

(8) 见识广，知识面宽。了解公关、心理学、礼仪、旅游等知识，掌握计算机应用知识；了解所在城市的历史、游乐场所、购物及饮食场所；了解一些国家的风土人情。

(9) 对我国及酒店的政策规定有充分的了解。

(10) 具有高度的工作和服务热忱。

二、宾客关系主任

宾客关系主任是一些大型豪华酒店设立的专门用来建立和维护良好的宾客关系的岗位。宾客关系主任直接向大堂副理或值班经理负责，要与客人建立良好的关系，协助大堂副理欢迎贵宾以及满足团体临时性的特别要求。具体职责如下：

(1) 协助大堂副理执行和完成大堂副理的所有工作。

(2) 在大堂副理缺席的情况下，行使大堂副理的职权。

(3) 发展酒店与宾客的良好关系，并征求意见，做好记录，作为日报或周报的内容之一。

(4) 欢迎并带领VIP客人入住客房。

(5) 负责带领有关客人参观酒店。

(6) 在总台督导并协助为客人办入住手续。

(7) 处理各种客人投诉。

(8) 留意酒店公共场所的秩序。

(9) 与其他部门沟通合作。

(10) 完成大堂副理指派的其他任务。

其中，主动征求客人意见（特别是VIP的意见）是宾客关系主任的重要职责，一些高星级酒店将其形成制度，要求每天每位宾客关系主任必须主动向客人征集5条以上有效的意见，并进行双向反馈。

除了上述职责以外，宾客关系主任还要负责客历档案的建立、完善和管理工作。凡是通过主动拜访、客人告知、员工反映等途径获得的客人喜好、习惯、忌讳等资料信息，都要整理成文字，输入电脑保存起来。在每天查阅预订客人名单和已入住客人名单时，需要做到一看到熟悉的客人名字，就能提供相关资料，然后按照该客人的客史记录，安排相关事宜，以便为客人提供个性化服务。

【课堂充电】

前厅学习小贴士

1. 相对而言，前台是一个工作非常繁忙、工作压力较大的岗位，因此，前台员工需要性格沉稳、做事有条理。此外，快速反应能力、英文水平以及与客人的沟通能力也是必不可少的能力。与此同时，前台也是一个非常锻炼人的地方，在这种高强度、高压的工作氛围下，实习生或新员工会非常迅速地成长起来。

2. 前厅部的员工，尤其是前台和总机的员工，除了英语、沟通能力、服务意识以外，还需要熟练掌握的技能很多，比如快速打字。举例来说，如果酒店发生火警，总机需要发出火警启动信息，员工需要迅速输入很多文字，经验丰富的员工2分钟之内就可以完成并且发出,而打字速度慢的员工可能要10分钟甚至15分钟。例如,前台为团队办理入住,每名接待员前面排了十几位客人都在焦急地等待入住,如果员工打字速度慢,性格急躁,条理不清晰,则很容易导致频繁出错。

3. 课堂上讲授的知识应加大应用性和实用性。例如,客房预订以及收取押金部分,不同教材的说法并不一致,尽管在实际操作中,每个酒店的操作流程和方法也不尽相同,但是可以确定的是所有操作应实用至上,高效和实用是最重要的。此外,随着时代的发展和科技的进步,前厅部的一些功能在弱化,在某些酒店,商务中心和机场代表岗位已经取消。比如兑换外币,传统酒店的兑换外币是前台重要工作内容之一,但是现在很多酒店会采用机器兑换,需要教师加强实践学习。

4. 酒店行业的人员流动率过高,人才短缺严重,几乎所有的部门都缺少员工。当问及到每个部门需要什么样的员工时,几乎每个部门经理都在强调态度、踏实肯学的重要性。虽然酒店各部门要求各有不同,但是工作态度永远重于服务技能。

复习思考题

1. 前厅部的主要任务有哪些?
2. 前厅部有哪些分支部门?
3. 请简述金钥匙的服务哲学,并谈谈成为金钥匙应具备哪些素质。
4. 请简述客房分配和客房销售的艺术。

客房服务与管理

学习目标

了解客房部的组织架构，认识客房部管理的主要任务，熟悉客房服务项目。

任务一　了解客房部

一、客房部的地位

客房部在酒店的地位是由其特殊功能所决定的。酒店的基本功能是向客人提供住宿、餐饮及其他旅居生活需要。在这些功能当中，客人对住宿的需要当属首选，酒店中的其他设施可以根据其规模、等级、市场变化等因素进行增减和取舍，而客房则是酒店必不可少的基本设施，舍之则不能被称为酒店。在现代酒店中的各种设施日益丰富、酒店功能逐渐多样化的情况下，满足客人住宿的需求仍是现代酒店最基本的功能，客房仍是现代酒店的主体部分，客房产品仍然是酒店经营的最主要产品。

作为客房管理部门，客房部既是一个生产部门，又是一个服务部门，还是一个消耗部门，它是酒店的一个重要部门，其管理水平的好坏和服务水平的高低，在很大程度上代表或影响着整个酒店的服务水准。具体来说，客房部作用如下：

（一）生产客房商品

客房是酒店出售的最重要的商品。完整的客房商品包含房间、设备设施、用品和客房综合服务。客房属高级消费品，因此，布置要高雅美观、设施设备要完备舒适耐用、日用品要方便安全、服务项目要全面周到、客人财务和人身安全要有保障。总之，要为客人提供清洁、美观、舒适、安全的暂住空间。

（二）为酒店创造清洁优雅的环境

客房部负责酒店所有客房及公共区域的清洁卫生工作，而清洁卫生是保证客房服务质量和体现客房价值的重要组成部分。酒店的良好气氛，舒适、美观、清洁、优雅的住宿环境，都是要靠客房服务员的辛勤劳动来实现的。酒店清洁工作如图3-1～图3-4所示。

图 3-1　客房清扫

图 3-2　地毯清扫

图 3-3　卫生间清扫

图 3-4　公共区域清扫

（三）为各部门提供洁净美观的棉织品

客房部设有布件房和洗衣房，负责整个酒店各部门的布件（如窗帘、沙发套等）和员工制服的选购、洗涤、保管发放、缝补熨烫等，为全酒店的对客服务提供保障。酒店的洗衣房如图 3-5 所示，整理布草工作如图 3-6 所示，酒店的制服房如图 3-7 所示。

图 3-5　洗衣房

图3-6　整理布草工作

图3-7　酒店制服房

（四）客房是带动酒店一切活动的枢纽

酒店作为一种现代化食宿购物场所，只有在客房入住率高的情况下，一切设施才能发挥作用，一切组织机构才能运转，才能带动整个酒店的经营管理。客人只有住进酒店，才可能到餐饮部用餐，到康乐部健身娱乐，到商务中心进行商务活动，因而客房活动带动了酒店的各种综合服务设施。

（五）客房服务质量是酒店服务质量的重要标志

客房是客人在酒店中逗留时间最长的地方，客人对客房更有"家"的感觉。因此，客房是否清洁、服务人员是否热情、服务项目是否周全，对客人都有直接的影响，是客人衡量酒店服务质量的主要依据。

二、客房部的主要任务

（一）保持房间干净、整洁、舒适

现代旅游已经成为一种高级的消费方式，人们外出旅行不仅需要休息的场所，更希望得到精神上的享受，即享受酒店的良好氛围及舒适、美观和整洁的环境。客房部负责酒店绝大多数区域的清洁卫生工作，搞好清洁卫生、切实提高服务质量是客房部的重要任务。客房标准间如图3-8所示，客房卫生间如图3-9所示。

图3-8　客房标准间

图3-9　客房卫生间

（二）提供热情、周到而有礼貌的服务

客房部要做好客人的接待服务工作。它包括从迎接客人到送别客人的完整服务过程。客人在客房里逗留时间最长，除了休息以外，还需要酒店提供其他各种服务，如饮料服务、访客接待、洗衣服务、擦鞋服务等。能否为客人提供礼貌、周到、热情的客房服务，使客人在住店期间的各种需求得到满足，既体现了客房价值，又直接关系到酒店的声誉。

（三）确保客房设施设备时刻处于良好的工作状态

客房部在日常清洁卫生和接待服务的过程中，还担负着维护和保养客房和公共区域设备设施的任务，要使之常用常新，保持良好的使用状况，并与工程部密切合作，保证设备和用品的完好率，提高它们的使用效率，为客人营造一个安静舒适的休息环境。

（四）降低客房费用，确保客房正常运转

客房中的物品不但繁多，而且需要量也比较大。物资用品及其他费用开支是否合理，直接影响酒店的经济效益。因此，客房部的工作，一方面要根据客房的档次，满足客人以及员工工作的需要，另一方面又要控制物料消耗、编制预算、制定管理制度、落实责任，在满足客人使用、保证服务质量的前提下，减少浪费、减少支出、降低成本，以取得最佳的经营效益。

（五）协调与其他部门的关系，保证客房服务需要

客房服务的质量不仅与客房部内部管理密切相关，而且还受到其他有关部门的影响，例如预订客房的前厅部和为客房部服务提供物品供应、设备维修的工程部。这些部门的工作能否跟得上，质量如何，对客房部的服务质量会产生巨大的影响。所以客房部要经常主动地同有关部门通气，协调部门之间的关系，使其掌握客房服务过程的各种需求环节，为客房部服务质量的提高创造良好的条件。同时，客房部要积极配合相关部门做好工作，如配合前厅部做好客户的房态控制，为其排房提供准确的信息和合格的产品，从而提高客房利用率等。

任务二　客房部组织机构和岗位设置

一、客房部组织机构和岗位设置的原则

酒店内各部门的组织机构是改进管理职能、开展经营活动、完成酒店下达的计划任务的一种组织形式。根据客房管理的工作任务，客房部门组织机构的建立及岗位的设置应遵循专职分工、统一指挥及高效能的原则。

（一）分工协作的原则

客房部各个机构和岗位要有明确的工作职责，以便各司其职。每一个岗位的人员应该有明确的职责和明确的上下级隶属关系，科学的分工能够提高工作效率。同时，各岗位之间要

加强协作，只有分工没有协作的结构，不可能成为一个有效的集体。酒店规模越大，专业分工越细。为了共同的目标，各岗位的协作也变得越来越重要。

（二）高效畅通的原则

部门内部各机构和岗位的沟通要渠道畅通、逐级分层负责、权责明确，需要充分发挥各级人员的积极主动性，提高工作效率。

（三）统一指挥的原则

客房部要有完善的垂直逐层指挥系统，上一级机构要按部就班、有效地指挥和检查下一级员工的工作，使全部门的员工工作形成合力，产生较高的工作效能。

二、客房部组织机构和岗位设置

由于酒店规模、档次、业务范围、经营管理方式、服务模式的不同，客房部组织结构也有所区别，通常可分为楼层、公共区域、布草房、洗衣房等分支部门。

（一）机构的纵向层次呈现扁平化趋势

比较规整的客房部管理层次有经理、主管、领班、服务员四个层次，但是，目前酒店的发展趋势是组织机构的扁平化，包括客房部在内的酒店各部门都尽可能地减少管理层次，以提高沟通和管理效率，降低管理费用，通常跳过主管或领班层次，而保留三个层次。

（二）机构的横向业务分工不尽相同

横向分工体现了酒店客房部的个性。很多管理者用心设计横向分工，目的是为了使工作效率提高，服务质量更上一层楼。有的酒店的洗衣房和棉织品房属于客房部管理，有的则另设部门管理，有的则根本没有洗衣房，洗衣服务采用外包的方式。一般情况下，横向分工的设置与客房服务模式有很大关系。

目前来说，星级酒店最常见的客房服务模式是客房服务中心模式。在这种模式下，客房楼层不设服务台，只设工作间。客人住宿期间需要找客房服务员时，可以直接拨内线电话通知客房服务中心。服务中心施行24小时值班制，在接到客人要求提供服务的电话后，通过酒店内部的呼叫系统呼叫就近的服务员上门为客人提供服务。

客房服务中心模式是从国外引进的一种服务组织形式。其优点首先是，突出"暗"服务，给客人营造了一个安静、自由、宽松的入住环境，这符合当今酒店服务行业"无干扰服务"的趋势。其次是，客房服务中心模式有利于降低成本，提高劳动效率。这在劳动力成本日益提高的今天尤其重要。但这种服务模式给客人的亲切感较弱，弱化了服务的直接性，服务的及时性必将受到影响。另外，客房服务中心的模式对楼层上的一些不安全因素因无法及时发现和处理，在某种程度上会影响住店客人的安全。

基于中国酒店业自身的特点，很多酒店创新了客房服务模式。例如，青岛海景大酒店不设客房中心，也不设楼层服务台，而是根据其特有的园林式建筑特点，在每一幢客房设置楼座服务台。再如，广州白天鹅宾馆，在客房服务中心的基础上，在商务楼层设置专属服务台，以提高对高级商务顾客的服务质量。由此可见，酒店最终选择哪种服务模式还是要根据酒店自身的实际情况并考虑客人的需要来确定的。比较理想的服务组织形式应该既能体现酒店自身的经营特色又能受到绝大多数客人的欢迎。在实际运作时要考虑酒店的档次、客源结构、本地区的劳动力成本、酒店设备设施状况等因素。

三、客房部岗位职责

（一）客房部经理

直接上级：酒店副总经理。

直接下级：管家部经理、客房楼层主管。

岗位职责：

（1）贯彻执行酒店副总经理的经营管理指令，向副总经理负责并报告工作。

（2）根据酒店确定的经营方针和目标，负责编制客房部预算、制订各项业务计划，并有效组织实施与监控，实现预期目标。

（3）以市场为导向，研究并掌握市场的变化和发展情况，适时调整经营策略，努力创收，坚持以部门为成本中心的方针，严格控制成本、降低消耗，以最小的成本获取最大的经济效益。

（4）主持部门工作例会，听取汇报，督促工作进度，解决工作中的问题。

（5）负责客房部的安全管理工作，遵照"谁主管，谁负责"的安全责任制，督促本部门各管区落实各项安全管理制度，切实做好安全防范工作。

（6）负责客房部的日常质量管理，检查督促各管区严格按照工作规范和质量要求进行工作，实行规范作业。

（7）负责本部门员工的服务宗旨教育和岗位业务培训，督促各管区有计划地抓好培训工作和开展"学先进，找差距"活动，提高全员业务素质。

（8）沟通本部门与酒店其他部门的联系，配合协调地搞好工作。

（9）建立良好的客户关系，广泛听取和搜集客人意见，处理投诉，不断改进。

（10）审阅各管区每天的业务报表，密切注意客情，掌握重要接待任务情况，及时检查和督促各管区认真做好接待服务及迎送工作。

（11）负责客房设施设备的使用管理工作，督促各管区做好日常的维护保养和清洁工作，定期进行考核检查；参与客房的改造和更新装修工作，研究和改进客房的设备设施。

（12）考核各管区经理、主管的工作业绩，激励员工积极性，不断提高管理效能。

（二）管家部经理

直接上级：客房部经理。

直接下级：公共区域主管、洗衣房领班。

岗位职责：

（1）执行客房部经理的工作指令，负责管家部的管理和服务工作，向客房部经理负责并报告工作。

（2）坚持预算管理和成本控制，有效组织公共区域和洗衣部工作，严格控制成本费用。

（3）主持本部门工作例会，督促工作进度，解决工作中的问题。

（4）负责管家部的安全和日常的质量管理工作，检查和督促各管区严格按照工作规范和质量要求进行工作，实行规范作业，每日巡视本部门工作范围，及时发现问题并整改。

（5）负责管家部员工服务宗旨教育和岗位业务培训，督促各管区有计划地抓好培训工作。

（6）加强与其他部门的联系，树立整体营业思想，互相沟通。

（7）审阅各管区每天的业务报表，密切注意客情，掌握重要接待任务情况，及时检查和督促各管区认真做好接待服务工作。

（8）负责管家部设施设备的使用管理工作，督促各管区做好日常的维护保养和清洁工作，定期进行考核检查。

（9）做好思想政治工作，关心员工生活，抓好部门文明建设。

（三）客房楼层主管

直接上级：客房部经理。

直接下级：客房楼层领班、服务中心文员、库房保管员。

岗位职责：

（1）执行客房部经理的工作指令，向其负责和报告工作。

（2）了解当天住客情况，掌握当天客房情况，监督楼层与前台的联系和协调，确保房间正常及时地出租。

（3）合理安排人力，组织和指挥员工严格按照工作规范和质量要求做好客人迎送和服务以及客房和环境的清洁卫生工作。

（4）认真做好员工的服务宗旨教育和岗位业务培训，保证优质规范服务。

（5）坚持服务现场的督导和管理，每天巡视楼层，检查管区内30%住客房和OK房，督导领班、服务员的工作情况，发现问题及时指导和纠正。

（6）组织、控制每周的计划卫生。

（7）负责处理客人的遗留物品。

（8）处理客人特殊要求及投诉。

（9）主持领班每天的例会和组织员工全会，并做好记录。

（10）负责管区的成本费用控制，督导和检查库房保管员做好财产物料的管理，建立财产三级账，定期检查部门财产物料的领用、调拨、转移等情况，做到日清日盘、账物相符。督导员工做好维护保养和报修工作，定期安排设备维修、用品添置和更新改造计划。

（11）负责客房服务中心的日常管理工作，组织指挥员工，严格按照服务工作规范的质量标准，做好客房服务中心的各项工作，认真查阅每天的各种业务报表和工作记录。

（12）坚持现场督导和管理，保证客房服务中心24小时电话接听和监控值台的服务质量，发现问题及时指导和纠正。

（13）做好与其他部门的沟通协调工作。

（14）负责落实部门安全管理制度，确保安全。

（15）了解员工思想状况，做好思想工作。

（四）客房楼层领班

直接上级：客房楼层主管。

直接下级：中班、夜班服务员。

岗位职责：
（1）执行上级领导的工作指令并报告工作。
（2）负责自己管区内的每日工作的安排，保证岗位有人有服务。
（3）负责检查本班组员工的仪容仪表及工作表现。
（4）负责检查本楼面客房、公共区域的卫生及安全情况。
（5）坚持让客人完全满意的服务宗旨，督导和带领员工按客房服务规范和质量标准做好服务工作。
（6）做好对新员工的带教工作，使之尽快适应工作要求。
（7）负责本楼层的设施设备的维修保养和财产的保管。
（8）加强成本费用控制，做好物料用品的管理领用和发放。
（9）负责本楼层房间酒水的消费统计、领取、发放与配置。
（10）做好交接记录。
（11）关心员工生活和思想状况，抓好班组文明建设。

（五）客房清洁员

直接上级：楼层领班。
岗位职责：
（1）服从领班的工作安排。
（2）按照客房清洁流程和质量标准，做好客房和责任区内日常清洁及计划清洁工作。
（3）保持楼层责任区域内环境通道和工作间的干净整洁。
（4）负责退客房的检查和报账工作。
（5）协助领班做好 VIP 房和有特殊要求房的布置。
（6）协助洗衣房做好客衣的分送工作。
（7）按照规格要求布置客房，检查房内各类家具和设备的完好情况，及时报告和报修。
（8）负责及时上报，处理突发事故。
（9）做好当班工作记录和交接班工作。

（六）客房中心文员

直接上级：客房主管。
岗位职责：
（1）服从客房主管的工作安排。
（2）负责掌握房态，每天定时编发房态表，并通知客房楼层。
（3）负责接听客人电话和掌握客情信息，根据需要及时通知服务员和有关部门提供服务，并做好记录。
（4）做好信息收集和资料积累工作，准确回答客人问询，做好对客服务工作。
（5）负责客房所有钥匙的管理和收发工作。
（6）负责捡拾物品和遗留物品的登记、存放和处理。
（7）负责整个酒店鲜花的预订和鲜花质量把关工作。
（8）负责部门考勤和餐卡统计工作，领发员工工资、奖金、补贴。

（9）负责每日楼层人员的统筹安排及休班。
（10）负责对客药品的出售。
（11）负责对讲机、值台电话的管理。
（12）掌握 VIP 和行政客人抵离情况，并按客房布置要求通知楼层做好各类礼品和物品的配备工作。
（13）做好工作室的日常清洁工作，保持干净整洁。

（七）公共区域主管

直接上级：管家部经理。
直接下级：保洁领班、保养领班。
岗位职责：
（1）执行管家部经理指令，并向其负责和报告工作。
（2）负责酒店公共区域的清洁及绿化工作的质量管理，组织员工严格按照工作规范和质量标准，做好酒店公共区域的清洁和绿化工作。
（3）加强费用开支控制，负责管区内财产和物料用品的管理和领用，督导员工正确使用各种设备和节约物料用品；并做好维护保养和保管工作，发现设备故障及时报修或提出更新意见。
（4）坚持服务现场的管理，负责对班组工作的考核、员工考勤和业务培训。
（5）沟通与各部门的联系，协调工作。
（6）关心员工生活，了解员工思想状况，做好思想教育和文明建设工作。

（八）洗衣房领班

直接上级：管家部经理。
直接下级：干水洗熨烫工、布草保管员。
岗位职责：
（1）执行管家部经理的工作指令，并向其负责和报告工作。
（2）督导员工做好各类布草和工作服的质量检查和收调保管工作，防止短缺和不符合质量要求的布草和工作服流入使用部门。
（3）加强成本费用控制，掌握各类布草和工作服的使用、损耗情况，及时提出更新、报废和添置计划，防止调换使用脱档。
（4）督导洗涤组员工严格按照洗涤、熨烫工作流程，做好各类布草、客衣及工作服的洗涤熨烫工作，确保质量标准。
（5）负责洗衣房财产和设备的使用管理，督导员工做好日常的维护保养和清洁卫生工作，做到账物相符。
（6）坚持服务现场的管理，负责各班组日常工作考核、员工考勤和业务培训。
（7）负责员工的工作安排和考勤，以及新员工的带教工作。
（8）沟通与各使用部门的联系协调工作。
（9）搞好消防保卫工作，确保员工人身和酒店财产安全。
（10）了解和掌握员工思想状况，做好思想工作，搞好各管区文明建设。

（11）处理客人的各类投诉，并为客人提供咨询服务。

（九）布草保管员

直接上级：洗衣房领班。

岗位职责：

（1）服从洗衣房领班的工作安排，做好布草质量检查、贮存保管和收调工作。

（2）认真检查和验收洗净的布草洗烫的质量、收调和检验废旧的布草，对不符合质量要求的布草提出处理意见和建议。

（3）贮存保管的布草账物相符，收领、发放布草手续完备，登记清楚。

（4）负责收调的各类布草分类清点和计数登记工作，做到手续完备，准确无误。

（5）保持布草房的整洁，做好清洁卫生和财产设备的保养工作。

（十）工服房服务员

直接上级：洗衣房领班。

岗位职责：

（1）服从洗衣房领班的工作指令，做好工作服的质量检查、贮存保管，收发和缝补工作及改制各类报废的布草。

（2）认真检查和验收洗净的工作服，检验废旧的工作服，对不符合质量要求的工作服提出处理意见。

（3）认真做好收领、发放工作服的分类、清点和计数登记工作，做到手续完备，准确无误。

（4）贮存保管的工作服账物相符。

（5）保持工服房的整洁，做好清洁卫生和财产设备的保养工作。

四、客房服务员的素质要求

现代旅游涉外酒店市场竞争十分激烈，客人对客房商品的要求越来越高。为充分满足客人需求，提高市场的占有份额，高质量的服务是酒店提高竞争力的前提条件。高质量的服务有赖于高水平的管理和高水平的服务。也就是说，没有高素质的客房部员工队伍就无从提供优质服务。

酒店能否提供高水平的客房服务，其另一个关键是取决于服务人员的素质和服务能力。客房服务员应当具备的素质可分为以下几个方面：

（一）从业态度端正

1. 具有较高的自觉性

客房服务员在岗时，应自觉按照酒店有关规定：不打私人电话；不与同伴闲扯；不可翻阅客人的书报、信件、文件等材料；不可借整理房间之名，随意乱翻客人的抽屉、衣橱；不可在客人房间看电视、听广播；不可用客房的卫生间洗澡；不可拿取客人的食品品尝等。这些都是服务工作的基本常识，也是客房部工作中的纪律。

2. 责任心强、善于与同事合作

客房部的服务工作与不少部门有所不同，更多的时候，它的劳动强度大而与客人直接打交道的机会少,也就是说出头露面的机会少。这就要求客房部员工要有踏踏实实和吃苦耐劳的精神,在每天要做的大量琐碎的工作中,能够具有良好的心理素质,不盲目攀比,以高度的责任感从事自己的工作。

不少酒店按照服务规程,要求清扫客房时应两人同行、结伴互助。这就需要客房部员工具有以我为主、善与同事合作的能力。以各自的努力,营造一个和睦相处、分工明确、配合默契、心境愉快的小范围内部工作场景,提高效率,以利于本职工作的完成。

(二) 从业知识丰富

1. 具有丰富的文化知识

丰富的文化知识包括历史知识、语言知识、政策法规知识、心理学知识等,酒店员工在面对不同的客人时,可以塑造出与客人背景相适应的服务角色,在客人与员工之间产生良好的沟通。

2. 了解企业文化

了解酒店所处的环境,包括服务项目及分布、服务时限、服务提供部门以及联系方式、酒店所处的地理位置、酒店发展历史、酒店重大事件、主管酒店的行政部门、酒店的管理机构、酒店各部门的职能、酒店的管理目标、服务宗旨以及酒店的店旗、店徽、店歌等。

3. 熟悉岗位职责、相关制度和规定

客房服务员要熟悉自己所处岗位的职能、性质、工作对象、具体任务、工作标准、效率要求、质量要求、相关的工作程序、工作规定,以及酒店的软管理措施,相关票据、账单、表格的填写方法和填写要求。除此要能达到"三知"与"三会",即"知原理、知性能、知用途","会使用、会简单维修、会日常保养"。

(三) 从业技能高超

1. 充沛的精力和较强的动手能力

客房部服务工作的任务相对来说内容较为繁杂、体力消耗较大,客人要求标准较高。因此,要求客房部员工反应敏捷、有充沛的精力和较强的动手能力是十分重要的。

客人对客房的要求为舒适、整洁、安全,而要做到舒适整洁,首先是搞好清洁卫生。房间和卫生间的卫生,这是客人对客房最基本的要求,也是客人最爱挑剔、最为讲究的。客房要无虫害、无水迹、无锈蚀、无异味;地面、墙面要无灰尘、无碎屑;灯具和电器设备、镜面、地面、卫生设备等要光亮洁净;卫生设备要每天消毒;床单、枕套等卧具必须按规定时间及时更换;房间内装饰布置雅致和谐;酒店物品的放置要按规格整齐划一;中式铺床要看上去床单折痕居中,平整自然,毛毯、枕、被放置统一,被子四角整齐,外观无塌陷感,枕口朝内;西式铺床应床单、被单、毛毯三条中折线重合,床罩平整,四角整齐,包角严紧无皱褶。清洁而符合规范的房间是礼貌服务的物质依托,如果忽视了这一宾客对于房间的基本需求,其他的礼仪便无从谈起。而要保证客房能够达到舒适整洁的标准,就要求客房部员工要付出巨大的努力,在辛勤的劳动中提高工作效率。

2. 较强的交际能力

客房服务员每天都会与客人进行大量的接触,并会基于服务与客人产生多样的互动关系,妥善处理好这些关系,将会使客人感受到被尊重、被看重的亲切感受。在客房服务员与客人的交往中，最重要的是把客人当作"熟悉的陌生人"，即"一见如故"，使客人感觉到一种比较自然的但又出自客房服务员真心诚意的礼遇。第一印象对人际交往的建立和维持是非常重要的，优美的仪态，真诚的微笑，无微不至的关怀都会给客人留下良好的印象。所以客房服务员应该持之以恒地与客人建立良好的人际关系。

3. 敏锐的观察力

客房部员工为客人提供的服务一般有三种：客人提出的非常明确的服务要求（只要服务技能娴熟、容易办到）；例行性的服务（应当为客人提供的，不需要客人提醒的服务，如服务员清理房间卫生）；客人没有想到，或者正在考虑的潜在服务要求。在以上的三种服务中，第一种是被动性，第二、第三种则是主动性。很显然第三种是需要有敏锐的观察力才能达到的较高水平的服务。

4. 较强的应变能力

突发事件屡见不鲜，既有来自客人单方面的，也有来自客人与员工之间的。突发事件的处理对于酒店形象的树立非常重要，从中也能衡量出一个员工综合素质的高低。遇到突发事件，客房部员工要做到：迅速了解矛盾产生的原因、客人的动机，并善意地加以疏导。要以克制与礼貌的方式劝说客人心平气和地商量解决，这样的态度是使客人愤愤之情得以平息的"镇静剂"。员工应当秉承"顾客永远是对的"这条宗旨，善于站在客人的立场上，在维护酒店声誉的基础上设身处地为客人着想，不要过多地维护自己的面子，要知道，酒店的整体形象更重要，个人面子好挽回，而酒店的形象一旦受损却很难弥补。尽快采取各种方法使矛盾迅速平息，使客人能得到较满意的解决方案，并尽量使事情的影响控制在最小范围，在其他客人面前树立酒店坦诚、大度、友好的服务形象。

任务三　了解客房服务项目

客房服务项目由楼层接待服务、私人管家服务、客房小酒吧服务、送餐服务、开夜床服务、洗衣服务、擦鞋服务和托婴服务等组成。

一、楼层接待服务

客房楼层接待工作包括三大环节：迎客前的准备工作、客人到店的迎接工作及送客服务工作。

（一）迎客前的准备工作

客人到达酒店前的准备工作一定要充分、周密、细致，要求做到以下几点：

（1）了解客人情况。楼层服务台接到总台传来的接待通知单后，应详细了解客人的人数、国籍、抵离店时间、宗教信仰、风俗习惯和接待单位对客人生活标准要求、付费方式、活动日程等信息，做到情况明、任务清。

（2）布置房间。要根据客人的风俗习惯、生活特点和接待规格，调整家具设备，备齐日用品，补充小冰箱的食品饮料。对客人宗教信仰方面忌讳的用品要暂时撤换，以示对客人的尊重。房间布置完，还要对室内家具、水电设备及门锁等再进行一次全面检查，发现有损坏失效的，要及时保修更换。

（二）客人到店的迎接工作

客房服务的迎接工作是在客人乘电梯上楼进房间时进行的。客人经过长途跋涉，抵达酒店后一般比较疲惫，需要尽快妥善安顿，以便及时用膳或休息。因此，这个环节的工作必须热情礼貌、服务迅速，分送行李准确，介绍情况简明扼要。

（1）迎接宾客。客人步出电梯，服务员应微笑问候。无行李员引领时，服务员应帮助客人提拿行李至客房，介绍房内设施设备的使用方法。

（2）分送行李。主要指的是团体客人的行李。由于团体客人的行李是先于或后于客人到达饭店，因此行李的分送方式有所不同。先到的行李由行李员送到楼层，排列整齐，由楼层服务员核实件数，待客人临近到达，再按行李标签上的房号逐一分送。如发现行李标签失落或房号模糊不清时，应暂时存放。待客人到来时，陪同客人认领。后到或随客人到的行李，则由行李员负责分送到房间。

（三）送客服务工作

（1）行前准备工作。服务员应掌握客人离店的准确时间，检查客人洗烫衣物是否送回，交办的事是否完成。要主动征询客人意见，提醒客人收拾好行李物品并仔细检查，不要遗忘在房间。送别团体客人时，要按规定时间集中行李，放到指定地点，清点数量，并协同接待部门核实件数，以防遗漏。

（2）送别。客人离房时要送到电梯口热情道别。对老弱病残客人，要护送下楼至大门或上车。记下车牌号目送客人远去后方可回到原工作岗位。

（3）善后工作。客人下楼后，服务员要迅速进房检查，主要查看有无客人遗留物品。发现遗留物品要通知总台转告客人。若发现客房设备有损坏、物品有丢失的，也要立即通知总台收银处请客人付账或赔偿。最后做好客人离房记录，更新房态。有的客人因急事提前退房，委托服务员代处理未尽事宜，服务员承接后要做记录并必须履行诺言，不要因工作忙而丢在一边。

二、私人管家服务

私人管家服务是一种"一对一"的高度定制化的服务模式。客人入住后只需面对私人管家而无须再找其他人就可享受各种服务，私人管家负责帮客人协调和解决从入住到离店的所有问题。私人管家服务在国外高星级酒店很盛行，我国在1992年由广东国际大酒店率先向住客提供此项服务，2006年在深圳富苑酒店产生了我国第一批"英式私人管家"。

私人管家类似于家庭中的保姆，因此又被称为"酒店保姆"。他们既是服务员，又是秘书，专责料理客人的起居饮食，为客人排忧解难。私人管家关注客人住店期间的每一个细节，从客人入住，私人管家立即为其办理登记、引领入房、端茶送巾、详细介绍酒店情况。此后客人的生活琐事、外出交通、商务活动等也均由其一手操办，直到客人离开酒店。在生活方面，私人管家要会熨烫衣物、调酒、熟悉餐牌、嘘寒问暖、调解纠纷，工作上要能操作电脑、翻译、熟练打字复印等。显然，私人管家要具备极高的自身素质，拥有丰富的服务经验与专业素养。由于私人管家服务细致周到、体贴入微，因而深受客人信任。许多客人与曾为自己当过私人管家的服务员结下深厚情谊，为此成为酒店的回头客。

三、贵宾接待服务

贵宾是指有较高身份地位或因各种原因对酒店有较大影响力的客人,在接待中应得到较高礼遇。

(一) 贵宾范围

各酒店对于贵宾范围规定不一,大致包括:对酒店的业务发展有极大帮助,或者可能给酒店带来业务者;知名度很高的政界要人、外交家、艺术家、学者、经济界人士、影视明星、社会名流;本酒店系统的高级职员;其他酒店的高级负责人;酒店董事会高级成员。

对贵宾的接待,从客房布置、礼品的提供,到客房服务的规格内容,都要高出普通客人,使其感到酒店对自己确实特别关照。

(二) 贵宾服务

客房部接待贵宾要提前做好充分准备:

(1) 接到贵宾接待通知书后,要选派经验丰富的服务员将房间彻底清扫干净,按规格配备各种物品,并在客房内摆放有总经理签名的欢迎信、名片,摆放酒店的赠品,如鲜花、果篮、饮料等。VIP 欢迎水果如图 3-10 所示。

(2) 房间要由客房部经理或主管严格检查,然后由大堂副理最后检查认可。

(3) 贵宾在酒店有关人员陪同抵达楼面时,客房部主管、服务员要在楼梯口迎接问候。

图 3-10　VIP 欢迎水果

(三) 接待贵宾应注意的事项

接待贵宾时,需要注意及时传递信息;注意细节,精益求精;确保员工尽可能地用姓氏或尊称称呼客人;提供针对性服务;尽量不打扰客人;服务适度;协助前厅选好用房等。

四、客房小酒吧服务

客房内一般要设微型酒吧(如小冰箱),提供适量饮料,并在适当位置放置烈性酒,备有饮具和酒单,如图 3-11 所示。其主要内容包括:

(一) 酒水供应与推销

(1) 客房配冰箱与酒水台,高档客房配迷你吧台,吧台与酒水台设计美观大方,冰箱性能良好。

(2) 充分供应酒吧烈性酒、葡萄酒、软饮料与小吃,品种不少于 15 种。

(3) 客房酒单设计美观大方,字迹清楚,标价合理。

(4) 服务员为入住客人介绍客房设备与服务项目的同时准确推销客房酒水。

（二）离店房酒水检查

接到客人离店通知，掌握客人姓名、房号、结账时间，迅速进房巡视、检查离店客人酒水、饮料消耗情况。要求认真、细致、准确地完成。账单必须记录清楚，转交客房领班报前厅快速收款，并在与客人结账前完成。切忌因酒水检查不及时造成客人跑账现象。

（三）住房酒水检查与补充

（1）客人住店期间，服务员及时到楼层领取补充酒水、饮料。

（2）酒单上客人所用酒水、饮料、小吃的数量、种类及客人姓名、房号、检查时间与检查人姓名填写准确，酒单报客房领班转交前厅挂账及时。

图3-11　小酒吧服务

（3）每次查房后，服务员及时到楼层领取补充酒水、饮料。

（4）楼层酒水饮料领取、发放管理制度健全，手续规范。

（5）每日制作客房酒水销售报告明确，账目清楚。

（四）客房酒单传递

（1）客人酒单和客房领班填写的每日酒水销售报告交客房部主管，账目核对清楚，前厅客人每日酒水挂账、结账要快速准确，来不及传递时电话通知前台结账。

（2）整个客房酒吧服务细致、规范，客人满意程度高。

五、送餐服务

送餐服务（room service）是指某些客人由于生活习惯或特殊需要，如起早、患病、会客等，要求在客房用餐的一种送餐到房的服务。现在中高档酒店按规定必须实行这项服务，一般多由餐饮部的客房餐饮服务部专司其职。低档酒店在客人提出要求时也应当尽力满足，可由客房服务员兼管。送餐服务如图3-12所示，其服务程序如下：

（一）接受预订

（1）礼貌应答客人的电话预订："您好，客房送餐，请问有什么需要服务的？"

（2）详细问清客人的房号，要求送餐的时间、用餐人数以及点的菜点，并复述一遍。

（3）将电话预订进行登记。

（4）开好订单，并在订单上打上接预订的时间。

（5）或根据从各楼收来的早餐送餐单（挂在客房门口）开好订单。

图3-12　送餐服务

（二）准备工作

（1）根据客人的订单开出取菜单。
（2）根据各种菜式，准备各类餐具、布件。
（3）按订单要求在餐车铺好餐具。
（4）准备好茶、咖啡、牛奶、淡奶、糖、调味品。
（5）开好账单。
（6）个人仪表仪容准备。

（三）检查工作

（1）主管或领班，认真核对菜点酒水与订单是否相符。
（2）餐具、布件及调味品是否洁净无渍、无破损。
（3）菜点的质量是否符合标准。
（4）从接订单至送餐时间是否过长，是否在客人要求的时间内准时送达。
（5）服务员的仪容仪表。
（6）送出的餐具，在餐后是否及时如数收回。
（7）对重要来宾的送餐工作，应由管理人员与服务员一起送餐进房，并提供各项服务。

（四）送餐服务工作

（1）使用酒店规定的专用电梯进行客房送餐服务。
（2）核对房号、时间。
（3）按门铃时说："送餐服务。"在征得客人同意后方可进入房间。
（4）用客人姓氏向客人问好、打招呼，把餐车或餐盘放到适当位置，并征求客人对摆放的意见。
（5）按规定要求摆好餐具及其他物品，请客人用餐，并为客人拉椅。
（6）餐间为客人倒茶或咖啡，提供各种需要的小服务。
（7）客人用餐完毕，请其在账单上签字，应为客人指点签字处："请您在账单上签上您的姓名和房号，谢谢。"
（8）核对签名、房号。
（9）问客人还有什么需要，如不需要，即礼貌地向客人致谢道别。
（10）离开客房时，应面朝客人退步转身，出房时随手轻轻关上房门。

（五）结束工作

（1）在登记单上注销预订，并写明离房时间。
（2）将客人已签字的账单交账台。
（3）早餐30分钟后打电话征询客人收餐，晚餐为60分钟后电话征询客人收餐，将带回的餐具送洗碗间清洗。
（4）清洗工作车，更换脏布草。
（5）领取物品，做好准备工作。

六、开夜床服务

首先,进行开夜床准备。正式工作前准备好小推车,服务用品准备齐全摆放整齐。将小推车推到客房门口一侧敲门进房操作。提供服务时房门打开,不许关门开夜床。

其次,开夜床服务。服务员进房后,打开壁灯拉好窗帘,打开空调调节室温。叠好床罩放在箱架上。将近主床头一侧套着被罩的毛毯掀起 60 厘米,夹角呈 45 度,同时打开夜灯、摆好拖鞋。整个操作快速、准确、规范。如图 3-13 所示。

图 3-13 开夜床服务

再次,房间整理服务。更换客人用过的玻璃杯、烟缸,倒掉纸篓垃圾,简单擦拭桌面,物品放在规定位置,不翻阅或挪动客人放在桌面上的物品。卫生间客人用过的口杯、烟缸、毛巾、浴巾、面巾等用品一起撤出,缺额补齐。简单清理面盆、浴盆、马桶,保持清洁。同时检查客房酒水饮料,开好酒单,补充酒水。整个房间整理遵守操作程序,服务快速、周详。

最后,填写工作单。每间客房整理完毕,要将客人房号、所住人数、开夜床进出时间、主要工作等内容填写清楚。整个开夜床服务做到整理过的房间整齐、舒适,用品齐全规范,气氛宜人,方便客人就寝。

七、洗衣服务

客人在酒店居住期间,可能会需要酒店提供洗衣服务,尤其是商务客人和因公长住酒店的客人。

(一)服务内容

洗衣服务分为水洗、干洗、熨烫三种。时间上分正常洗和快洗两种。正常洗多为上午交洗,晚上送回;如下午交洗,次日送回。快洗不超过四小时便可送回,但要加收 50% 的加急费。洗衣服务如图 3-14 所示。

图 3-14 洗衣服务

（二）服务方法

最常见的送洗方式是客人将要洗的衣物和填好的洗衣单放进洗衣袋，留在床上或挂在门把手上，也有客人嫌麻烦请服务员代填，但要由客人过目签名。洗衣单一式三联，一联留在楼面，另两联随衣物送到洗衣房。为防止洗涤和递送过程中出差错，有的酒店规定，客人未填洗衣单的不予送洗，并在洗衣单上醒目注明。送洗客衣工作由楼层服务员承担。

送回洗衣也有不同方式。或由洗衣房收发员送进客房，或仅送到楼面，由台班服务员送放客房并放置在床上，让客人知道送洗的衣物已送回，并可以检查衣物是否受损。送洗客衣是一件十分细致的工作。按国际惯例，由于酒店方面原因造成衣物缺损，赔偿金额一般以洗涤费用十倍为限。所以要求经手员工认真负责，不能出一点差错，否则会招致投诉，给酒店造成经济损失和名誉影响。

八、擦鞋服务

客房服务员在清扫房间时，发现客人将皮鞋放在壁橱内的鞋筐里或将鞋放在房间门口，证明客人需要擦鞋服务，服务员应及时收取，并在"早班服务工作单"或"夜床服务表"上记录。如图3-15所示。

如客人的鞋有破损应先和客人确认（客人若不在房间可等客人回来后确认）。楼层服务员将鞋筐送至房务中心，房务中心文员报告楼层主管或领班，由楼层主管或领班安排员工擦鞋，并记录主人的房号、收取时间、鞋的颜色式样。

擦鞋人员在房务中心地上铺上垫布或报纸，备好与鞋色相同的鞋油和其他擦鞋工具。切忌用错鞋油，对磨砂皮鞋万不能用鞋油，只能用擦鞋布擦掉上面的灰尘即可。先用鞋刷将鞋边缘的泥污去除，然后打上鞋油擦拭，最后用布擦亮鞋面。如是旅游鞋，可只用稍湿的布和牙刷将鞋面和鞋边的污迹去除。鞋底和鞋口边沿要擦净，不能有鞋油，以免弄脏地毯和客人的袜子。尽量在客人使用前把擦干净的鞋送回房间，放在行李柜前，房务中心文员记录送回鞋的时间。客人未提出要擦皮鞋，若有泥污和灰尘也要主动征询客人意见是否可为其擦鞋。

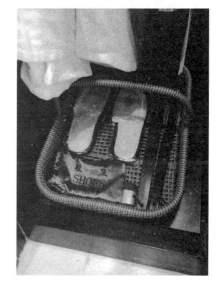

图3-15 擦鞋服务

九、托婴服务

托婴服务就是为外出活动办事的住客提供短时间的照管婴幼儿童的有偿服务。这项服务在中国酒店业兴起的时间不长，很受长住客和度假客人的欢迎。酒店并不配备专职人员从事此项服务，而是社会服务机构代雇临时保育员，或是由客房部女服务员利用业余时间照管。一般以三个小时为计费起点，超过三个小时的，按小时增收费用。托婴服务责任重大，绝不能掉以轻心。凡是担负此项工作的人员必须有责任心、正派可靠、受过专门训练，掌握照管婴孩的基本知识和技能，并略懂外语。

【课堂充电】

客房学习小贴士

1. 客人对酒店客房部的要求首要就是舒适方便，而个性化服务是客房服务的亮点。个性化服务理念要求客房服务人员能够非常细心地观察客人的需求和习惯，然后通过一些用心服务，让客人住得更加舒服，从而达到顾客满意和顾客忠诚。

2. 虽然客房部是酒店三大核心部门之一，但学生想去客房部实习或工作的却很少。教学中，学生常常抱着漠不关心的态度，对客房课程的学习不感兴趣或者不够认真。若要解决这个问题，首先要从吸引他们的学习兴趣入手，虽然做这个部门工作的人不多，但是他们作为客人体会客房服务的机会会有很多。学习中，我们可以回顾自己入住酒店的诸多经历，去评价和分析客房服务的水平和标准。其次，清洁和铺床是和生活非常贴近的内容，学会了这些可以学以致用到生活中去。最后，我们也可以多引导学生关注客房服务案例，注重培养其较强的服务意识。

复习思考题

1. 客房部的主要任务有哪些？
2. 客房部服务员应当具备的素质有哪些？
3. 制定劳动定额的方法有哪些？
4. 如遇突发事件，客房部员工应当做好哪几方面的工作？

项目四

餐饮服务与管理

学习目标

了解餐饮部的组织架构，了解餐饮管理的主要任务，掌握餐饮服务技能。

任务一 了解餐饮部

餐饮部是酒店重要的创收部门，包括中餐厅、西餐厅、宴会厅、多功能厅、咖啡厅、酒吧等。餐饮部的主要任务是生产高质量的餐饮产品，并通过为客人提供热情、周到、细致的服务，使宾客获得物有所值、赏心悦目的就餐享受。与此同时，餐饮部还应努力控制餐饮成本，提高餐饮经营的利润水平。

高质量的餐饮产品不仅要符合卫生标准，而且要在色、香、味、形、器等方面不断创新。此外，还要将饮食与保健相结合，注重营养配餐，以满足客人高层次的餐饮需求。为此，要求行政总厨、各厨师长以及主要的厨师均接受过营养配餐方面的专业培训。有条件的酒店还可设立专门的营养配餐师。餐饮部不仅要为客人提供高质量的餐饮产品，而且要为客人创造良好的就餐环境，提供热情周到、宾至如归的服务，使客人不仅得到物质上和生理上的满足，而且得到精神上和心理上的享受。

除了做好对外营业以外，很多酒店的餐饮部还要做好员工食堂的管理工作（有一些酒店由人力资源部负责员工食堂的管理）。管理好员工食堂具有重要意义，它不仅可以保证员工的身体健康，而且可以调动员工的积极性，使员工能够以愉快的心情和饱满的工作热情，为客人提供高质量的服务。

西餐厅布局如图4-1所示，西餐厅用餐区如图4-2所示。

一、餐饮经营管理的内容

（一）菜单设计

菜单设计是餐饮企业经营管理的首要工作，也是餐饮业务的起点。从现代营销学的角度看，菜单设计实际上是餐饮产品设计的一项重要内容，也是餐饮各项计划的基础。菜单设计

图4-1 西餐厅布局

图4-2 西餐厅用餐区

首先要考虑的因素是目标客源市场的特点和需求，同时也受到酒店自身资源和市场竞争环境的制约。

(二) 厨房管理

菜肴口味和质量是餐饮企业生存和发展的基础，也是餐饮产品的核心。而菜单的设计、菜谱的开发、厨房的业务流程、厨房的布局、出品的质量控制、成本管理以及厨房生产的组织、人员配置、卫生和安全等都是厨房管理的重要内容。其中，菜肴的质量管理和成本控制是厨房管理的主线。饭店后厨如图4-3所示，摆放菜品如图4-4所示。

图4-3 后厨

图4-4 摆放菜品

(三) 餐厅服务管理

现在的餐饮消费已经远远超出了"为生存而就餐"的概念，发展到注重用餐体验、讲究用餐经历的阶段。美好用餐经历的创造，离不开优秀的服务。因此，在餐饮经营管理内容上，服务占有越来越重要的地位。在餐饮产品的推销过程中，服务质量的好坏不仅关系到顾客的满意度，而且直接关系到菜肴和酒水的销售量，关系到餐厅的营业收入以及整个酒店的经济效益。要为顾客提供更好的餐饮消费体验，除了加强服务外，还要关注餐厅的设计、布局、装饰、色彩、主题、温度、绿化、餐具、棉织品等方面，为顾客提供良好的用餐氛围。

（四）原料、物品的采购管理

餐饮原料、物品的采购，关系到餐饮的成本控制、菜肴质量、利润率以及员工的心态。从目前的情况看，餐饮原料采购的管理是餐饮经营管理中的一个难点，也是一个重点。餐饮经营管理中应高度重视，采取有效的技术手段对原料、物品的采购进行控制。

（五）酒吧和酒水的管理

在餐饮部的各类产品中，酒水具有较高的利润率。酒水经营的成功，不仅可以为餐饮部带来巨大的利润，而且可以为餐厅和酒店带来良好的声誉。与菜肴的设计开发一样，也要从目标客源的特点出发为餐饮部的酒水设计科学合理的酒单，并重视酒水的开发、生产和配置、服务等方面。酒店酒水培训如图4-5所示，大堂吧如图4-6所示。

图4-5　酒水培训

图4-6　大堂吧

二、餐饮经营管理的任务

餐饮经营管理的目的是通过优秀的营销和管理，满足顾客对于餐饮服务的各种需求，获取利润，激发员工的工作积极性。具体来说，主要有以下几个方面：

（一）以市场为基础，合理设计菜单

菜单是为满足目标客源市场的餐饮需要而设计的，因此必须了解目标客源市场的消费特点和餐饮需求，例如掌握不同年龄、性别、职业、民族和宗教信仰的顾客的餐饮习惯和需求，并以此为基础设计适合目标顾客的菜单，从而确定餐馆经营类型、规格、餐饮内容和特色，并据此选购设备和配备工作人员。

（二）研发餐饮新品种，以特色求发展

酒店餐饮的竞争实力来自差异化竞争。与众不同的餐饮产品、用餐环境和服务，能够使酒店餐饮与竞争对手区别开来，形成自己的特色，实现"错位竞争"。重视餐饮新品种的开发，目的是在继承传统的基础上，开发出新的菜肴品种，并把自己的特色保持下来，最终在市场上形成鲜明的形象，创造出自己的品牌。

(三)做好餐饮的宣传促销,增加销售额

酒店餐饮部要不断加强餐饮产品的宣传促销工作,以年度经营计划为指导,研究顾客的需求,选择推销目标,制订内部和外部促销计划,开展各种有效的促销活动,积极招揽各种宴会,做好节假日和各种餐饮的宣传促销工作,以争取更多的顾客并提高顾客的人均消费额。

(四)合理使用人力资源,提高劳动生产率

餐饮业是劳动密集型行业,不仅员工多,而且厨师等技术人员的工资水平较高。因此人工成本在餐饮经营管理费用中占有相当大的比例。餐饮经营管理的任务之一就是要合理地定编定岗,根据劳动定额指标合理地组织人力和安排员工的工作、休息时间,在保证食品质量和服务质量的前提下,最有效地使用人力资源,降低人工费用,提高盈利水平。

(五)不断提高菜肴质量和服务水平

科学地确定餐饮食品质量和服务质量标准,不断提高质量水平,是餐饮部经营管理的主要任务。餐饮部的经营管理应以岗位责任制为中心,建立相应的规章制度,制定标准菜谱以及各岗位的操作规程和质量标准,严格进行检查监督。采购部应抓好采购、验收、储藏、发放过程中的原料质量检查,以保证原料符合食品加工的要求;厨房部应抓好原料粗加工、精加工和烹调的质量检查,督促厨师严格按照标准菜谱的要求操作,并努力改进加工、烹调技术,不断提高食品质量。餐饮服务人员应坚持按照服务规程进行操作,不断完善服务细节,并以个性化服务提高顾客对餐馆的服务评价,提高餐饮产品的外围质量。

(六)控制成本,增加利润

餐饮部增加利润的重要途径之一就是做好成本控制,降低成本,增加盈利。餐饮原料种类繁多,用量不一,成本的泄漏点多,因此餐饮部的成本控制涉及一系列环节。比如,要根据制定的标准成本率确定合理的食品销售价格;有效地对食品原料的采购价格进行控制;加强原料验收、贮藏、发放管理以减少原料的损耗浪费。厨房部要严格按照标准菜谱要求进行操作,并做好成本核算和成本分析工作,在保证食品质量、数量符合标准的前提下,尽量减少损耗、降低成本,增加企业的盈利。

(七)确保食品卫生和饮食安全

餐饮卫生和安全是否符合标准直接影响到餐厅的信誉和经济利益,因此,餐饮企业必须加强食品卫生和饮食安全的管理,强化预防措施,确保食品卫生、环境卫生和员工个人卫生都符合要求,并杜绝食品污染、食物中毒等事故发生。

任务二　餐饮部组织架构和岗位职责

一、餐饮部的组织架构

酒店的规模不同,餐饮部组织架构也有所不同。一般来说,餐饮部包括中餐厅、西餐

厅、大堂吧、饼房、后厨等分支部门，有些酒店将宴会部归属为餐饮部。

二、各分支部门的主要职能

（一）餐厅

餐厅是为宾客提供食品、饮料和良好服务的公共场所。根据所提供的食品、饮料和服务的不同，可分为以下几种：

中餐厅：提供中式食品。

西餐厅：包括普通西餐厅和高档的西餐扒房等，提供西式美食。

咖啡厅：小型西餐厅，供应简单而又大众化的西式餐点、酒水、饮料。

零点餐厅：区别于宴会厅，又称为点菜餐厅，是酒店的主要餐厅，既可以是中餐厅，也可以是西餐厅。

风味餐厅：是酒店的特色餐厅，为客人提供地方风味美食。

酒吧：专供宾客享用酒水和饮料、休息和娱乐，主要供应中式、西式酒类饮料和小吃。

宴会部接受宾客委托，组织各种类型的宴会、酒会、招待会等活动，并根据客人的要求制定菜单、布置厅堂、备餐铺台，同时为宾客提供完整的宴会服务。宴会厅如图4-7所示，宴会厅操作台如图4-8所示，宴会茶歇点心如图4-9所示，宴会饮品如图4-10所示。

图4-7 宴会厅

图4-8 宴会厅操作台

图4-9 宴会茶歇点心

图4-10 宴会饮品

（二）厨房

厨房是酒店的主要生产部门，负责整个酒店各式菜点的烹饪、菜点的创新、食品原料采购计划的制订以及餐饮部成本控制等工作。

中厨部：负责中餐食品和饮料的制作。

西厨部：负责西餐食品和饮料的制作。

（三）管事部

负责厨房、餐厅、酒吧等处的清洁卫生及所有餐具、器皿的洗涤、消毒、存放、保管和控制。

三、餐饮部主要管理人员的工作描述

（一）餐饮总监

直接上级：总经理、副总经理。

直接下属：餐饮部经理、行政总厨。

岗位职责：

（1）全面负责餐饮部及员工食堂的管理工作。

（2）制订年度、月度营业计划。领导全体员工积极完成各项接待任务和经营指标。分析和报告年度、月度的经营情况。

（3）制定服务标准和操作规程。

（4）巡视各餐厅、酒吧等的营业及服务情况，检查管理人员的工作和餐厅员工的服务态度、服务规程、出品部门的食品（饮品）质量及各项规章制度的执行情况，指导、监督日常经营活动，发现问题及时纠正和处理。

（5）控制食品和饮品的标准、规格，正确掌握毛利率，抓好成本核算。加强食品原料及物品的管理，降低费用，增加盈利。

（6）抓好员工队伍的基本建设，熟悉和掌握员工的思想状况、工作表现和业务水平，开展经常性的礼貌教育和职业道德教育，注意培训、考核和选拔人才，通过组织员工活动激发员工的积极性。

（7）抓好设备、设施的维修保养工作，使之经常处于完好的状态并得到合理的使用，加强日常管理，防止事故发生。

（8）抓好卫生工作和安全工作，组织开展个人、环境、操作等方面的卫生评比，贯彻执行饮食卫生制度。开展经常性的安全保卫、防火教育，确保餐厅、厨房、库房的安全。

（9）发展良好的客户关系，满足客人的特殊需要，处理客人投诉。

任职条件：

（1）基本素质：具有强烈的事业心、责任感和高尚的职业道德。

（2）自然条件：身体健康，仪表端庄大方，气质高雅。

（3）文化程度：具有大学以上学历或同等文化程度。

（4）工作经验：有多年酒店餐饮管理经验，掌握餐饮各部门的岗位职责和工作程序；

能够根据市场变化和客人的需求，及时调整餐饮经营策略，善于组织和开展各种食品展销活动；具有酒店预算管理知识，能编制餐饮部预算；了解和执行政府有关饮食经营的法规制度；有牺牲精神，能吃苦，能承受工作压力。

（二）餐饮部经理

直接上级：餐饮总监。

直接下属：各餐厅经理。

岗位职责：

(1) 巡视各餐厅、宴会厅、酒吧等的营业情况，指导、监督日常经营活动。

(2) 检查各餐厅的卫生、摆台标准、开餐用品，确保服务质量和工作效率。

(3) 参加餐饮总监主持的工作例会，提出合理化建议，汇报各餐厅经营情况。

(4) 做好各餐厅经理的排班表，监督各餐厅制定的排班表。

(5) 发展良好的客户关系，满足客人的特殊需要，处理客人投诉。

(6) 与行政总厨密切联系和合作，提出有关食品销售建议，及时将客人的需求反馈给厨师长，为食品原料的采购和厨房出菜提供依据。

(7) 完成餐饮总监交给的其他任务。

（三）餐厅经理

直接上级：餐饮部经理。

直接下级：餐饮领班、餐饮主管。

岗位职责：

(1) 全面管理所管餐厅，确保为客人提供优质服务，完成每月营业指标。

(2) 每日参加餐饮部例会，并于开餐前召开班前会，布置任务。如图4-11所示。

(3) 安排各领班班次，督导领班的日常工作，检查每位员工的仪容仪表。

(4) 与厨师长合作，共同完成每月或每日的特选菜单。

(5) 控制全餐厅的经营情况，确保服务质量。

(6) 适时提出食品节建议，制订食品节计划及餐厅装饰计划并组织实施。

(7) 对重要客人及宴会客人予以特殊关注。

(8) 处理客人投诉，与客人沟通，听取客人的反馈意见和建议。

(9) 负责餐厅人事安排及绩效评估，实施奖惩制度。

(10) 督导实施培训，使服务员不断提高专业技能和服务技巧，改善服务态度。如图4-12所示。

(11) 负责餐厅硬件设施的维护和更新。

(12) 与其他部门之间加强沟通与合作。

(13) 适时填写餐厅经理日报表，将餐厅经营情况及特殊情况向经理汇报。

任职条件：

(1) 基本素质：具有强烈的事业心和责任感、高尚的职业道德、良好的纪律。

(2) 文化程度：具有大专以上文化程度，具备餐饮管理、市场营销学等知识。

(3) 外语水平：具有高级英语水平。

图 4-11 餐厅例会

图 4-12 督导培训

(4) 工作经验：多年相关餐厅服务与管理工作经验。

(5) 其他要求：具有很强的语言表达能力，了解餐厅服务程序，善于处理各类客人的实际问题，能熟练制作各类营业报表。

（四）宴会厅经理

直接上级：餐饮部经理。

直接下属：餐饮领班。

岗位职责：

(1) 全面管理宴会厅的接待服务，确保为客人提供优质宴会服务，完成每月营业指标。

(2) 每月参加餐饮部例会，并在餐前召开班前会，布置任务。

(3) 制定本部门安全、卫生、行为规范等各项规章制度，并督导实施。

(4) 安排领班和服务班次，督导领班的日常工作，确保宴会厅各环节的衔接。

(5) 全面负责宴会的顺利进行，处理各种问题和客人投诉。

(6) 负责宴会厅人事安排及绩效评估，实施奖惩制度。

(7) 督导实施培训，保证属下的工作态度和能力达到岗位要求。

(8) 全面负责宴会厅硬件设施设备的清洁、维护和保养。

(9) 适时将宴会厅的经营状况和特殊事件向餐饮部经理汇报。

(10) 与其他相关部门加强沟通、协作。

任职条件：

(1) 基本素质：具有强烈的事业心和责任感、高尚的职业道德、良好的纪律。

(2) 文化程度：具有大专以上文化程度，拥有餐饮管理、市场营销等知识。

(3) 工作经验：多年餐厅管理经验，掌握餐厅服务的标准和要求，了解餐厅服务程序、善于处理各类客人的实际问题，能熟练制作各类营业报表。

（五）厨师长

直接上级：行政总厨。

直接下属：厨师领班。

岗位职责：

（1）在行政总厨的领导下，主持厨房的日常工作。

（2）协助行政总厨制定菜单，根据季节变化，不断创新菜品和推出每月（周、日）的特色菜。

（3）调动厨师积极性，监督菜品质量，满足顾客对食品的要求。

（4）监督宴会、酒会、团体餐的准备工作和出菜过程。

（5）制订采购计划，及时提供采购单，签署厨房每日提货单。

（6）坚持质量标准，督导厨师的菜品投料和技术操作。

（7）监督厨师正确使用和维护厨房设备。

（8）评估厨师的工作表现，检查属下厨师的仪容仪表、卫生状况。按规定着装，合理调配技术力量，加强团结协作。

（9）加强食品成本控制，严禁偷窃和偷吃现象。

（10）合理排班，监督出菜顺序和速度。

任职要求：

（1）基本素质：有事业心，工作认真负责。

（2）工作经验：掌握各种烹饪技术，有多年厨房管理经验，接受过营养配餐的专业培训。

四、餐饮服务人员的素质要求

服务人员自身素质如何，决定了其服务水平的高低。为了向宾客提供更优质的服务，餐饮服务人员应不断地从各方面充实自己。

（一）基本素质

1. 在岗爱岗，敬业乐业

在岗餐饮服务人员应尊重、热爱自己的职业，明白自己工作的意义。只有敬业才能乐业，只有乐业才能在工作中不断钻研，不断创新，提高服务质量，提升自身素质。

2. 热情友好，宾客至上

餐饮服务人员应以饱满的热情、友好的态度来接待每一位宾客，牢记"客人永远是正确的"，在任何时候、任何场合都要为宾客着想，这是服务工作的基点。

3. 文明礼貌，优质服务

餐饮行业是窗口行业，每位服务员都应懂礼节、讲礼貌，这是为宾客提供服务的基础。只有在工作中时刻注意自己的言行举止，熟练掌握各项服务技能，才能不断地提高服务水平。

4. 团结协作，顾全大局

餐饮服务需要很强的协作性，服务人员在工作中应发挥团队精神，相互协作，为宾客提供周到的服务，无论发生什么事，都要顾全大局，本着维护酒店形象和顾客第一的思想，去对待、处理问题。

5. 忠于职守，廉洁奉公

餐饮服务人员应明确自己的岗位职责、工作范围，在自己的岗位上付出最大努力，同时必须廉洁奉公，洁身自好，不得做出有损酒店形象的事情。

(二) 业务素质

餐饮服务人员在业务方面的素质主要包括知识和技能两部分。

1. 业务知识

（1）菜肴、酒水知识。熟悉中、西菜系的特点及各大菜系中著名菜点的主料、风味。能够识别中、外名酒，鉴别其品质、年份及其最佳饮用时机。

（2）烹饪知识。了解中、西餐的基本烹饪方法及要求，了解现代厨房管理程序、食品营养卫生知识。了解主要食物的营养价值，懂得营养配餐，具有食品卫生知识。

（3）习俗知识。了解各国的风俗、习惯、宗教信仰、民俗礼仪、饮食习惯和禁忌等。

（4）其他相关领域知识。了解服务心理学、营销学、酒店管理、法律、电器设备的使用及养护等知识。

2. 业务技能

（1）服务技能。掌握摆台、斟酒、上菜、分菜等服务技能，并熟练掌握中、西餐服务程序。

（2）沟通能力。能够与同事、上级管理人员以及顾客进行良好的沟通。

（3）语言能力。有较强的理解和表达能力，并至少掌握一门外语，可为外宾提供餐饮服务。

3. 身体素质

餐饮服务人员的工作其实并不轻松，"日行百里不出门"，站立、行走、托盘等都需要一定的腿力、臂力和腰力，所以要有健康的体魄才能胜任工作。服务人员必须每年进行一次体检和卫生知识培训，取得健康证后方可上岗。患有各种传染病和皮肤病的人不宜从事餐饮服务工作。

4. 礼貌修养

懂礼节、讲礼貌是餐饮服务人员必须具有的基本素质，主要表现在微笑服务、仪容仪表、行为举止和服务用语等方面。餐饮服务人员在对客服务过程中，要始终面带微笑，有良好的仪容仪表、规范的行为举止（包括站姿、走姿、手势等），使用礼貌的服务用语。

任务三 餐饮服务技能

餐饮服务是餐饮企业经营的主要业务和重要的工作环节之一。餐饮服务质量的高低直接影响餐饮企业的经营效果，因此，餐饮企业只有加强餐饮服务的管理，提高服务质量，才能在激烈的竞争中求得生存和发展。

餐饮服务的基本技能包括托盘、斟酒、摆台、餐巾折花、上菜、分菜等六项操作技能。中餐摆台和中餐台面、西餐摆台和西餐台面分别如图 4-13～图 4-16 所示。

（一）托盘

托盘种类包括木制、金属（如银、铝、不锈钢等）和胶木制品。根据用途又分为大、中、小三种规格的圆形与长方形托盘。大、中长方形托盘，一般是运送菜点、酒水和盘碟等较重物品。大、中、小圆形盘一般进行斟酒、展示饮品、送菜、分菜等，其中小圆盘最常用。15 cm×10 cm 的小长方形盘一般是用于递送账单、收款、信件等。

图4-13 中餐摆台

图4-14 中餐台面

图4-15 西餐摆台

图4-16 西餐台面

使用中,应该根据用途合理选择托盘。同时要保证整洁。在托盘下最好使用胶垫防止滑动。装盘时一般是重物、高物在里,轻物、低物在外,先上桌物品在上、在前,后上桌物品在下、在后。托盘的方式有轻托和重托两种。轻托也叫胸前托,左手臂弯成90度角,掌心向上,五指分开,手掌自然形成凹形,掌心不接触盘底,将托盘平托于胸前。重托又叫肩上托,左手扶住托盘的边,右手五指伸开,全掌托住盘底,用左手协助将托盘起至胸前,并向上转动手腕180度,将托盘托于右肩上。

端托盘的要领包括轻托不能贴腹,同时手腕要灵活,身体不能僵直,走步时要轻快;重托不能抵肩,要做到前不近嘴,后不贴发。托盘不可越过客人头顶,同时随时注意数量、重量、重心的变化,手指要做出相应的移动。

(二)斟酒

宾主位置划分。服务员站在宾客的右后侧。入座后,用托盘显示酒种,以供客人选择。倒酒时从主宾开始。斟倒姿势为身体微向前倾,右脚伸入两张椅子之间,左脚微微踮起,右臂伸出进行斟倒,左手托住托盘并略向外出,身体不要贴到宾客。斟酒要领包括右手握住酒瓶下半部,商标朝外,瓶口不能碰酒杯,相距2厘米最为合适。中餐斟酒应八分满,以表示尊重。当斟完酒时不可猛然抬起瓶身,应该稍停一下,同时旋转瓶身,然后抬起瓶口,避免酒水滴洒在台布或者宾客身上。要注意控制斟倒速度。如果不小心碰翻酒杯或者酒满溢出,要迅速铺上干净餐巾并且重新斟酒。

（三）摆台

铺台布时，需站在主位一侧，用双手将台布抖开铺到台面上，台布折缝要朝上，转盘底座要压在"十字"折缝印上。铺台布有两种方法：推拉法、渔翁撒网法。早餐用具摆放时应注意：餐碟（或称骨碟）需按台形摆放，相距桌边约1.5厘米（或者一个食指位）；茶碟摆放在骨碟右侧，并与桌边相距约1.5厘米；茶杯扣放在茶碟上，杯耳向右；汤碗放在骨碟正上方；汤匙放在汤碗内，把在左侧；筷子架放在骨碟右侧；筷子底边与台边相距1.5厘米，置于骨碟与茶碟之间。午、晚餐摆台时应注意：骨碟按台形摆放，与桌边相距1.5厘米；茶碟放在骨碟右边，并与桌边相距1.5厘米；茶杯扣放在茶碟上，杯耳向右；碗在骨碟上方偏左的位置，汤匙在碗内，梗把向左；味碟在骨碟上方偏右的位置；饮料杯扣放或立放在汤碗和味碟之间的上方位置；筷子架放在骨碟右侧，和味碟上端边缘平衡；筷子底边离台面1.5厘米，在茶碟和骨碟中间；牙签放于筷子、骨碟之间。

摆台要领包括操作时用左手托盘，从主人座位开始，以顺时针方向依次用右手摆放餐具；注意四个直线：餐厅内所有餐台脚、餐椅脚要横、竖成一直线；餐台布的十字折缝、餐台面的花瓶、花盆要成一直线。

（四）餐巾折花

1. 餐巾折花的作用

餐巾折花主要是起到突出主题、美化席面、卫生保洁的作用。它的要求是简单美观、拆用方便、形象逼真、各具特点、刻意求新、选形生动、主次分明、变化多样。

2. 餐巾折花的基本技法

主要有叠、折、卷、穿、攥、翻、拉、掰、捏9种。

3. 注意事项

餐巾要洁净、无损坏；杯子要无指纹、污痕，透明洁净；操作台要求光滑干净，同时手也要保证干净；不能重复使用。

（五）上菜

1. 上菜位置和顺序

一般从副主位右边第一与第二位客人间的空隙处侧身上菜。顺序一般是先上冷，再热，最后上汤、点心和水果。

2. 上菜要求

上菜同时报菜名，有佐料的菜先上佐料；要按照"右上右撤"原则；高档菜先摆在主宾位置，一般菜肴要面向主人；上带壳食品要有毛巾和洗手水。

（六）分菜

分菜用具主要有分菜勺（服务勺）、公用勺、公用筷、长把汤勺。分菜方法主要有桌上分让式、二人合作式、旁桌式分菜三种方法。分菜顺序：先主宾后主人，然后顺时针方向依次分派；或先主宾然后第二主宾，按顺时针方向依次分派，最后主人。

【课堂充电】

餐饮学习小贴士

1. 餐饮部员工与客人接触和交流的机会特别多，一旦获得客人的认可，员工会很有满足感和成就感。此外，餐饮部工作内容与生活最为接近，容易产生共鸣。

2. 餐饮部的工作注重动手操作，比如布置餐厅、自助餐台的摆放、大堂吧酒柜的摆放等，这些都要求员工具备创造性的思维、规划掌控能力以及动手操作能力。

3. 餐饮部一线服务工作很辛苦，但这是必经阶段，做到管理层之后，更多的是做一些市场推广、人员安排、菜单规划等工作，因此更具挑战性，薪资水平也会较高。另外，许多管理层都是从餐饮部成长起来的，因此其发展前景非常光明。

4. 餐饮技能的学习应更加注重实用性。教科书比较注重传统的服务技能和酒水知识等，比如把西式服务方式分为法式服务、俄式服务和美式服务。然而在实际的工作过程中，无论自助餐厅还是其他餐厅，摆台和服务方式几乎都采用比较简单的方式而非传统教科书上的方式。传统的知识讲授和实践教学只能传授知识和基本技能，并不能更好地锻炼学生的自主学习能力和解决问题能力。因此，酒水和菜肴等知识性内容，可以采取课下自主学习，课上简单汇报的方式。课堂上教师应更加关注锻炼学生的思维能力、创造能力、统筹安排能力等，可以安排学生尝试完成菜单设计、主题餐厅推广、餐厅装饰、大型宴会活动策划等内容，以此来提升学生的综合能力和专业认同感，从而激发他们从事餐饮行业的兴趣。

复习思考题

1. 请画出一家酒店餐饮部的组织架构图。
2. 餐饮经营管理的主要任务有哪些？
3. 餐饮服务的基本技能有哪些？
4. 酒店餐饮部成本控制的环节有哪些？

项目五

康乐服务与管理

学习目标

了解康乐部的重要作用和主要任务,掌握康乐部的项目分类和岗位要求。

现代生活中,人们更加关心自己的身体和心理健康,追求健康、积极、美好的生活方式,以提高健康水平和生活质量。随着康乐行业的发展,酒店康乐部等现代休闲中心正成为现代人追求游乐享受的最佳场所。在酒店的众多部门中,康乐部是现代酒店一个新兴起的部门,按照《中华人民共和国星级酒店评定标准》规定,三星级以上的酒店必须具备一定的康乐设施。

任务一 了解康乐部

康乐部(Club),又名康乐中心、康体部、康体中心,它是酒店组织客源、销售康乐产品、组织接待和对客服务,并为客人提供各种综合服务的部门,是完善酒店配套附属设施和服务的重要机构。酒店康乐部通常提供的康乐设施主要有健身房、游泳池、台球室、壁球室、乒乓球室、网球场、高尔夫球室、KTV、歌舞厅、棋牌室、保健按摩室、SPA 水疗馆等。不同星级、不同经营类型的酒店所提供的项目各有差异。通常,康乐部是人流量较大、流动性较强,客人逗留时间较长的消费场所,是客人身心与情感体验较为强烈的场所,也是客人形成对酒店印象较为深刻的场所。因此,康乐部运行的好坏将直接影响到酒店的整体服务与质量、管理水平、经济效益和市场形象。由此可见,康乐部的管理体系、工作程序,康乐部每名员工的服务意识、职业道德、服务质量、知识结构、操作技能、应变能力及言谈举止等,无一不对酒店的形象和声誉产生深刻影响。

一、康乐部在现代酒店中的作用

(一)有利于扩大酒店的服务范围

随着人们生活水平的提高,客人的消费需求越来越多样化,单纯的客房、餐饮已不能满足客人住店期间的消费需求。加强酒店康乐设施、设备的投入，提供多种形式的康乐服务项目，为客人在正常的商务、会议、旅游、餐饮活动之外提供更为广泛的选择空间，对于提高客人的生活质量，满足客人的精神需求有着重要的作用。许多酒店在设计中充分考虑了客人的康乐需求，增加各种室内或室外的健身、娱乐、保健等服务项目，增加了酒店的服务范围，稳定了酒店的客源，有利于酒店的进一步发展。

（二）能够满足客人的康乐需求

"康乐"是具有现代意识的旅游新概念，从字面上讲就是健康、快乐的意思，指满足人们健康和快乐需要的一系列活动。它包括康体活动、休闲活动、娱乐活动、文艺活动、声像活动、美容保健活动等，涉及广泛的知识和领域，如体育、健美、卫生、心理、审美、时装等。现代康乐是人类健康物质文明和精神文明高度发展的结果，也是人们精神文化水平提高的必然要求。随着居民可支配收入和时间的增加，人们对休闲、健身、娱乐等更高层次的精神消费需求也随之增加，社会康乐消费意识也在不断提高，现代康乐活动越来越成为人们日常生活中不可缺少的内容。

康乐部已成为继客房、餐饮等部门之后的重要营业部门，其运行的好坏，将直接影响到酒店的整体服务质量、管理水平、经济效益及市场形象。从客人方面考虑，康乐部能够满足客人运动健身的需求，满足客人美容、美体的需求，满足客人保健的需求，满足客人娱乐的需求。

（三）能够增加酒店的营业收入

随着人们对身心健康的关注程度越来越高，在选择住宿地点时，客人也会充分考虑酒店所能提供给自己的各种康体娱乐服务，康乐项目具有休闲娱乐性较强，且项目具有多样性、趣味性，能较大范围地满足客人不同层次的需求，因此康乐项目为酒店带来的收入具有很大的弹性。尤其是一些商务型客人、旅游度假型的客人、年轻人对此方面的要求会更高。康乐项目一般小型多样，用人少、流动资本少，成本低，其设施和项目的完善程度越高，对客人的吸引力就越大，康乐项目的消费增多，必将提高整个酒店的收入和营利水平。

（四）可以提升酒店的整体形象

对于一家服务设施完善、康乐服务项目齐全的酒店来说，客人往往会从心理上对酒店的等级产生认同和信任感，从而提升酒店的整体形象。所以，国家星级酒店的评定标准中对不同星级的酒店在康乐活动的设置有明确的规定，服务设施达不到要求的就不能成为高档次的酒店，这样可以有效保证星级酒店的硬件水平不断提高。

二、康乐部在现代酒店中的任务

现代酒店是设施设备完善、功能齐全、智能化控制的综合性群体建筑，它是以提供住宿、餐饮、商务、购物、娱乐和健身等不同服务项目为主的系列化多样性产品，从而满足社会大众对社交、体育、文化、健康需求的服务机构。酒店康乐部的设置是其社交、商务、文化活动的完整构件，是酒店文化和功能的另一个代表和载体。

(一) 满足客人康体健身的需求

随着社会的进步,人们对康体健身的要求也在不断提高。因此,康乐部应设置不同形式的康乐项目,如健身房(如图5-1所示)、游泳池(如图5-2所示)、网球场、高尔夫球场、台球室、壁球室、乒乓球室、沙狐球室等,以满足不同客人的不同需求。

图 5-1　健身房

图 5-2　游泳池

(二) 满足客人的休闲娱乐需求

休闲娱乐活动具有很强的娱乐性、放松性、选择性,受到不同年龄阶层人士的欢迎。不同消费人群完全可以根据自己的喜好选择相应的休闲娱乐项目,例如电玩、扑克、麻将、卡拉OK等,它既满足了客人的休闲娱乐需求,更加可以使人精神放松,心情愉悦。因而,现代酒店中各种休闲娱乐目的设备可以为店内外的客人提供丰富多彩的娱乐生活,同时也是人际沟通、商务往来的一种必要的补充手段。

(三) 满足客人的保健养生需求

繁忙的工作与生活,往往使人的身心处在亚健康的状态,如何缓解疲劳、释放压力、保持身心健康已成为现代人非常关注的问题。现代酒店中一些具有特色的康乐项目,如SPA、桑拿浴、按摩、刮痧和拔罐、美容美发等,可以帮助人们调节身心,缓解压力,增强身体对疾病的抵抗能力,满足人们营养保健的需求。

(四) 满足客人的卫生需求

随着康乐活动的普及,康乐部设施设备的使用频率也增大,细菌交叉感染的情况也增多,如果卫生状况不好,很可能对客人的身体健康造成危害,如跑步机的把手、游泳池的水质、台球厅的球和球杆、卡拉OK的麦克、按摩床等。因而,做好康乐部的卫生清洁工作,为客人提供一个卫生舒适、优雅安全的活动场所,是康乐部的一项重要工作任务。

（五）满足客人的安全需求

康乐部的重要任务之一是要为客人提供一个安全舒适的康乐消费环境，保证客人的人身、财产安全。设备的损耗和老化会使不安全因素增加，如果不加强康乐部设施设备的日常检查、保养，维护设备的正常运转，客人在消费过程中有可能受到一些伤害。例如，水滑梯的接口不及时检修，就可能发生划伤客人皮肤的事故；游泳池附近的地面如果滋生青苔，就可能使客人滑倒摔伤等。酒店应加强对康乐部服务人员的专业知识和技能的培训，科学指导和帮助客人参加各种康乐活动，以此减少安全隐患，降低意外安全事故的发生。

（六）满足客人对康乐技术技巧的需求

康乐部的康乐项目众多，有些设备又具有较高的科技含量，使用时必须按照有关的使用规定去操作，否则就可能损坏设备或发生其他事故。对初次到康乐部消费的客人来说，只有掌握较为全面的技能、技巧，才能避免发生意外，提高运动的效果，这就需要康乐部的服务员应向客人提供耐心、正确的指导性服务。例如，健身房的运动器械各不相同，设备的复杂程度也不一样，尤其是那些较为先进的进口设备，如由电脑控制的健身自行车、跑步机等；而且一些运动项目的技术性很强，需要服务人员向不熟悉的客人提供技术服务，包括陪客人练习等，以帮助客人达到较好的运动效果，如网球、壁球、台球等；有些项目还可以通过开办培训班的形式向客人提供技术服务，以满足他们在运动技能技巧方面的需求。

任务二　康乐项目分类及岗位要求

随着酒店业竞争的日益激烈，其原有食宿方面的利润拓展空间逐渐缩小，除了传统的住宿、餐饮竞争外，酒店经营者必须不定期地挖掘新的收入来源，康乐项目也成为酒店开发项目的首选。

一、康乐部的项目分类

"康乐"，从字面意思看是指健康、快乐，它是满足人们追求健康与快乐的各种行为方式的总和，是人们消除亚健康的有效方式。"康乐"的基本含义应为：能使人们提高兴致、增进身心健康的快乐消遣活动。

康乐部是随着酒店康乐业的发展而出现的经营部门，康乐部的发展速度及其规模变化是很快的。根据参与者具体目的的不同，康乐活动可分为康体项目、娱乐项目和保健项目三大类型。

（一）康体项目

康体项目是人们借助一定的康体设施、设备和环境，通过自己积极的参与，达到锻炼身体、增强体质目的的活动项目，是具有代表性的、易于接受的、趣味性强的运动项目。然而康体项目不是专业体育项目，摒弃了体育运动的激烈性、竞技性，是以不破坏自身身体承受力为前提，具有较强娱乐性、趣味性的活动项目，主要包括健身项目、游泳项目、台球项目、乒乓球项目、网球项目、壁球项目、沙狐球项目和电子模拟高尔夫球项目。

(二) 娱乐项目

娱乐项目是指人们借助一定的娱乐设施、设备和服务，使顾客在参与中得到精神满足、得到快乐的游戏活动。主要包括棋牌类项目和歌舞类项目等。娱乐项目自古至今是人们生活中不可缺少的消遣活动，歌舞、围棋等一直是深受广大老百姓喜爱的休闲娱乐活动。到了现代，娱乐项目因其门槛低、趣味性强、参与性强，以及能够给人们精神上带来愉悦感而成为广大人民喜爱的消费方式。

酒店作为一个微缩的社会，客人来自各行各业，遍及世界各地，娱乐需求也因人而异，各有不同。康乐部在提供娱乐项目时，需要分析客人的消费需求，综合考虑酒店的具体情况、所在地的人文历史，以及开设娱乐项目的背景等来设置。

(三) 保健项目

休闲保健项目是指通过酒店提供相应的设施、设备或服务作用于人体，使顾客达到放松肌肉、促进血液循环、消除疲劳、恢复体力、养护皮肤、改善容颜等目的的活动项目，包括按摩项目、水疗项目和美容美发项目等。

旅游涉外酒店在为前来消费的客人提供保健类康乐活动时，由于受经营空间的影响，在经营过程中更侧重于休闲保健。休闲保健的经营项目包括我国老百姓所信服的传统保健按摩、刮痧、足疗、经络排毒等，也有传统保健与西方保健结合后涌现出的水疗、美容美体、茶疗等内容。

二、康乐部工作人员的素质要求

(一) 管理人员素质要求

1. 康乐部经理的素质要求

（1）文化程度。高等院校大专以上毕业或具有同等学力；持有国家旅游主管部门颁发的部门经理上岗资格证书；有一门以上外语会话能力。

（2）工作经验。具有八年以上康乐管理和服务工作经验，且至少有五年以上主管工作经验。

（3）专业知识。具有饭店基础管理知识、康乐设施和音乐、体育活动专业知识，懂得计算机以及康乐销售与项目管理知识。

（4）业务能力。具有决策、组织、营销和人力资源开发与管理的突出能力。

（5）协调能力。善于处理和协调与上级、同级、下级关系，积极与他人合作，人际关系良好。

（6）身体素质。具有健康的体魄，精力充沛，无传染病及病史。

2. 康乐部主管的素质要求

（1）文化程度。具有旅游专业中专以上学历或同等学力。

（2）工作经验。具有五年以上康乐管理与服务工作经验，一年以上康乐项目领班工作经验。

(3) 专业知识。具有康乐管理基本知识和服务知识、康乐各项目设施与康乐活动专业知识。

(4) 业务能力。具有康乐项目的业务组织和推销能力、康乐项目管理和协调能力、人事与财务管理能力。

(5) 协调能力。善于协调上下级关系，善于与他人合作，人际关系良好。

(6) 身体素质。身体健康，精力充沛，工作压力承受能力强。

3. 康乐部领班的素质要求

(1) 文化程度。旅游职业高中毕业或具有同等学力。

(2) 工作经验。具有三年左右康乐服务经验。

(3) 专业知识。具有康乐设施项目管理基础知识，人事与财务管理的一般知识，康乐活动专业知识。

(4) 业务能力。具有一定的组织能力，并能对康乐设施进行检查、清洁和调试。

(5) 协调能力。善于协调上下级关系，善于与他人合作，人际关系良好，能够正确处理与客人的关系。

(6) 身体素质。健康状况良好，精力充沛，无传染病及病史。

(二) 服务人员素质要求

康乐服务工作具有专业性强、技术要求高和独立工作性强的特点，因此对从业人员的素质要求非常高。

1. 台球室、乒乓球室、网球场、壁球室、沙狐球室服务员的素质要求

(1) 文化程度。职高以上学校毕业。

(2) 工作经验。有一年实践经验，掌握台球、乒乓球、网球、壁球、沙狐球规则和计分方法。

(3) 专业知识。熟悉为客人服务的整套程序。

(4) 业务能力。能为客人示范，并能与客人进行训练或比赛；熟悉场内各种器材与设备，能正确使用和保养。

(5) 协调能力。能够与客人相处，人际关系良好。

(6) 身体素质。身体健康，能够长时间站立服务。

2. 健身房服务员的素质要求

(1) 文化程度。具有职高以上学历。

(2) 工作经验。有一年以上的实践经验。

(3) 专业知识。熟悉卫生保健知识，掌握人体肌肉组织结构与骨骼组织结构，掌握安全救护知识。

(4) 业务能力。熟悉健身器材的性能，并能安全操作；能正确地为客人做出各种示范动作；能满足客人提出的陪练要求；能根据客人的需要为客人制订健身训练计划。

(5) 协调能力。能够与客人相处，人际关系良好。

(6) 身体素质。拥有强健的体格，能长时间站立服务。

3. 游泳池服务员的素质要求

(1) 文化程度。具有职高以上学历。

（2）工作经验。经过专业游泳训练和游泳救生培训，持有救生执照，有一年以上实践经验。

（3）专业知识。熟悉游泳的基本知识和安全救护知识。

（4）业务能力。掌握各种游泳姿势和技能，能为客人进行游泳安全姿势的示范，能熟练运用游泳池内的各种设备和器具，能指导客人运用池内的各种设备。当客人游泳发生危险或意外时能够及时、迅速地做出判断，并进行救护。掌握水质净化处理技术。

（5）协调能力。能够与客人相处，有良好的人际关系。

（6）身体素质。拥有强健的体魄，能较长时间站立服务。

4. 电子模拟高尔夫球室服务员的素质要求

（1）文化程度。职高以上学校毕业。

（2）工作经验。有一年左右的实践经验。

（3）业务知识。熟悉高尔夫球的规则和计分方法，熟悉高尔夫球整套的服务程序，懂得高尔夫球运动员的服饰知识。

（4）业务能力。懂得高尔夫球的发球技巧，能指导客人进行训练。能根据客人的性别、年龄和体重帮助选择不同重量的球杆和练习场，能够做好球场的清洁工作。

（5）协调能力。能够与客人相处，具有良好的人际关系。

（6）身体素质。拥有强健的体魄，能够长时间站立服务。

5. 棋牌室服务员的素质要求

（1）文化程度。职高以上学校毕业。

（2）工作经验。有一年左右的实践经验。

（3）专业知识。熟悉各类棋、牌的基本知识，熟悉棋牌室的整套服务程序，能够对客人提出的合理要求予以满足。

（4）业务能力。掌握各类棋、牌的规则和计分方法，必要时能陪同客人娱乐助兴。

（5）协调能力。能够与客人相处，人际关系良好。

（6）身体素质。身体健康，能够长时间站立服务。

任务三　康乐经营方式和管理特点

一、康乐部的经营方式

（一）按照经营主体划分

1. 传统自营式管理模式

传统自营式管理模式是最常见的管理模式。康乐部的人、财、物和所有业务由酒店统一经营和管理。这种模式的优势是酒店能根据自己的发展需要统一规划，协调发展；不足是适应市场变化的能力较差，这也是大部分酒店康乐经营盈利性差的原因之一。

2. 业务外包式管理模式

酒店将康乐经营外包给专业型的企业来经营和管理，即购买第三方的服务而不是由酒店内部员工来完成此项工作。这有利于酒店将注意力集中到自己有竞争力的核心业务上。从事专业康乐经营管理的公司，不仅在项目经营上具有可靠性、专业性、前瞻性、系统性的特点，而且能降低经营成本，比自己做更有把握。现代酒店的一些附属或非主营业务，如美容美发厅、歌舞厅等时常外包给外面的企业来经营。酒店业务外包在国外是比较流行的一种管理模式，在我国也成为酒店业经营的一种发展趋势，但业务外包应选择专业特征明显并具有一定知名度的服务企业或机构。

3. 独立实体式管理模式

当康乐部门独立对外业务量比较大、市场影响力较大时，为了便于开发康乐业务，康乐部可以从酒店中独立出来，以新的合资、股份或作为酒店子公司等独立实体而存在，如以独立的俱乐部模式来经营康乐业务，这样酒店可以将康乐经营的风险或不确定性转变成在正常的和可预见的环境中经营。

（二）按照经营指标划分

1. 无硬性指标的经营方式

此经营方式适用于附属形式的康乐机构，饭店或旅游企业不对康乐部定硬性指标，主要为住店客人服务。这主要是出于两个原因：一是饭店或旅游企业的康乐项目刚开业，对消费的客流量还不太清楚，价格定位也正在摸索当中，康乐部处于试营业阶段，对于经营指标难以确定；二是由于企业决策层采用价格渗透法定价，即将康乐项目的价格渗透到客房费用中，每个康乐项目不再另收费。这时从表面上看康乐部没有收入，也无须定指标。

2. 有硬性指标的经营方式

此经营方式是指由康乐部的经理承担硬性经营指标，企业进行集中管理和控制。在经营过程中，由企业总经理在充分调研的基础上为康乐部规定出经营管理目标和经济指标。同时，也赋予康乐部经理一定的权力，由其直接担负经营管理责任。

（三）按照顾客与企业的关系划分

1. 会员制经营方式

会员制经营方式是一种特定的经营方式，主要目的是为了维持老顾客。消费者向康乐项目经营者缴纳一定数额的会费或年费取得会员资格后，可享受一定的价格优惠或折扣。经营者要对会员资源进行维护，关注客人的消费，分析客户的消费频率和消费金额，适时调整经营项目和策略，注重会员深层次的需求和欲望，培养会员忠诚度，并吸引新的会员加入。

2. 非会员制经营方式

非会员制经营方式的康乐部，主要是面向住店客人的消费，强调对住店客人消费利益的维护。在对本地客源的经营中，没有固定的会员消费者，只有在经营项目的设置和服务上下功夫，为本地的消费者提供方便和优惠，才能吸引客人并保持较理想的客流量。

二、康乐部的管理特点

（一）设施管理的严密性和灵活性

康乐部拥有种类繁多的设施、设备，在管理上存在着鲜明的个性。主要表现为管理组织上的严密性、劳动纪律方面的严肃性、营业时间、服务方式和服务内容方面的灵活性。康乐部服务项目很多，每个项目的运行规律又有较大差别，因此，管理上的灵活程度也不一样。例如，健身房和高尔夫球分属室内和室外运动，在服务模式上就存在很大的区别。

（二）经营项目的适应性

康乐部经营项目的适应性主要表现在适应客人不断发展变化的需求上。康乐项目以其趣味性强、盈利丰厚而吸引了众多的经营者，但客人需求不断更新变化，因而经营者只有认真研究市场，不断适应市场变化，加强服务质量的管理，不断更新康乐项目和设施，才能迎合客人的需求，使企业立于不败之地。此外，康乐经营项目还应该考虑适应消费者的习俗、地理区位特点和季节特点，以更客观地选择康乐项目和经营形式，从而获得康乐项目经营和管理上的成功。

（三）经营管理中的协作性

康乐部可经营的项目种类繁多，在经营时既要考虑项目的独立性，又要考虑项目之间的关联性，强调服务的延展性。例如，健身房服务员向客人推荐水疗和保健按摩服务，既可使客人减轻大运动量后的疲劳程度，又推销了相关产品，提高了部门收益。

（四）服务对象的随机性

康乐项目与餐饮项目、客房项目相比，其接待服务的随机性较强。康乐项目的营业销售水平和接待人次不像餐饮和客房那样具有较明显的规律性，往往受到社会条件、自然条件和消费者的兴趣、爱好、年龄、身体状况等多种因素的影响。例如，中青年客人参与康体项目较多；保健类项目则适合年长或体弱者参加。各项目消费群体的不同决定了康乐部服务管理的随机性，因此，需要为客人提供个性化的服务，使客人的期望值和满意度达到统一，从而增加康乐部的经济效益。

三、康乐部的管理任务

（一）提供能满足消费者康乐需求的产品和优质的服务

康乐需求是客人在满足基本生理需求之外的一种高层次的需求，也是现代人不可缺少的一种需求。着眼于客人需求，康乐部应尽可能地开设丰富多彩的经营项目，并提供优质的服务以满足不同客人的需求。康乐部在设立娱乐项目时要注意把精神文明和精神糟粕区别开来，必须守法经营。同时，要有发展的眼光，发掘有新意、有创意的项目。

（二）满足客人卫生和安全的需求

为客人提供一个安全、洁净、优雅的康体娱乐环境是康乐部的基本任务之一。从安全方面来看，任何一项活动都可能存在不安全因素，服务人员应时刻注意客人的活动情况，及时提示客人注意按照安全规范进行活动。此外，客流量的增加使得康乐设施的使用次数增加，设备的损耗随之增大，由于设备的原因而产生的不安全因素也会增加。如果不注意设备保养和安全检查，就有可能给客人带来不必要的伤害。在卫生方面，要求经常进行场地的环境卫生保护和设备清洁工作，保持空气清新。此外，要注意严格控制噪声，积极采取措施降低噪声强度。

（三）扩大营业收入、提高创利水平

康乐部存在的终极目标是为企业获取最大的效益。因此，扩大营业收入、提高创利水平成为其最主要的任务。在人们对健康娱乐活动的需求日益增大的今天，饭店的康乐部成为企业扩大收入、增加利润、增强竞争力的重要手段。各企业应广泛进行市场调查，抓住客源市场，有针对性地开发新的康乐项目，并通过大量的宣传和促销为企业创造最大的经济效益。

（四）为树立企业的高品质形象服务

树立企业的高品质形象主要包括硬件和软件两方面。树立硬件形象应注意确保各项康乐设施、设备的先进性和功能的齐全性，各康乐场所的设计、装潢、布置要新颖、合理、美观，并能及时提供最新、最酷、最炫的康乐活动项目和信息，引领时代潮流与时代同步，树立本地区最前沿场所的形象。软件形象主要包括管理和服务。康乐部的管理者应具有良好的艺术修养、专业知识和美学知识，有对美的追求和独特的品位；熟知康乐业的发展动态和经营方向，能运用科学的管理方法去管理本部门；制定规范的服务程序，不断提高员工素质。服务员应有良好的个人修养，不断强化专业知识，经常进行专业训练，平等待客、以礼待人，及时为客人提供服务等。

【课堂充电】

康乐学习小贴士

1. 相对而言，康乐部工作的节奏比较缓慢，员工面临的压力和挑战不是很大，同时也意味着学习到的知识和技能也比较有限，适合具有体育特长、健身爱好或者具有创新思维和能力的人来胜任岗位需求，如健身教练、瑜伽教练、救生员等。

2. 酒店康乐部项目的设置因企业的具体情况而略有差别，未来的学习发展方向应为康乐管理和康乐项目开发。学习方式可以采取企业参观与现场体验的方式。

复习思考题

1. 酒店康乐部的地位和作用是什么？
2. 试比较康乐部经营的三种方式，并说明各种方式的适应范畴。
3. 简述在管理中如何调动康乐部工作人员的积极性并提高其服务意识。
4. 酒店康乐部的发展前景如何？

项目六

酒店市场营销管理

学习目标

了解市场营销部的功能和作用,熟悉市场营销部的业务范围和岗位要求。

任务一 了解市场营销部

酒店经营的最终目标是提高经济效益,因此只注重提高服务质量、做好内部管理是远远不够的,为使酒店的利润最大化,做好酒店的市场营销工作十分重要。

酒店规模不同、性质不同(属于国际酒店集团管理的酒店、国内酒店)以及所处的地域(国家、城市)不同,市场销售部的组织架构也不同。比如,位于会展业比较发达的国内一线城市(北京、上海、广州等)的酒店,可能在其市场销售部专门设立会展部,在一些餐饮业比较发达的城市则可能在市场销售部设立餐饮销售部门(酒店甚至有可能设立独立的餐饮销售部)。

随着互联网的快速发展,网络营销已逐渐成为酒店营销的重要手段,一些酒店高层管理者已看到这一发展趋势,开始设立专门的部门(或安排专门人员)开展网络营销业务。其主要职责是建立和维护酒店自己的网站,利用微博、微信等新媒体和社交平台进行酒店营销,加强与客人(包括潜在客人)的沟通。

大型酒店的市场销售部通常包括销售部、市场传媒部、会展销售部、网络营销部、宴会销售部等几个部门。

任务二 销售部业务管理

一、市场销售部岗位工作描述

(一)市场营销总监

直接上级:总经理。

直接下级:收益管理经理、销售经理、市场传媒经理、宴会销售经理、网络营销经理等。

岗位职责：

全面管理市场销售部的工作，并与酒店管理委员会共同努力，实现酒店的市场定位和收入目标。针对与酒店集团品牌、酒店市场营销有关的战略规划和营业目标的制定，向总经理提供支持和建议。维护公司标准、品牌完整性和酒店形象。

工作内容：

（1）参与制定和贯彻落实酒店及部门各项管理制度和政策。

（2）制定市场营销战略和促销计划。

（3）监督管理、协助制订并落实酒店市场营销计划。

（4）监控和评估当前酒店的销售和市场营销方案。

（5）组织市场调研。

（6）确定酒店定价策略和销售目标。

（7）确保有效利用部门资源。

（8）管理部门人力资源，包括人员的招聘、选拔、培训、开发、团队建设、绩效规划和评估。

（9）确保部门员工了解其工作职责。

（10）管理宾客关系和客户服务，包括了解宾客需求、产品和服务知识、有效运用销售和沟通的技巧以及宾客回馈信息。

（11）定期与一线员工进行沟通，促使他们在业务发展方面提出合理化建议，并予以实施。

（12）与集团总部联络，确保集团所有市场营销活动的顺利执行。

（二）高级销售经理

直接上级：市场营销总监。

直接下级：销售经理。

岗位职责：

负责所管理区域客房和餐饮销售目标的实现。通过顾客关系管理以及与市场的长期接触，宣传和推广酒店。对下属的工作进行督导，确保每日的工作及时完成。按照要求不断更新手工和电子版的销售记录。

工作内容：

（1）不断寻找并有效地处理好各种销售机会。

（2）创造性地对产品销售做出贡献。

（3）通过有计划的顾客拜访活动，完成顾客关系管理任务和针对特定顾客的销售目标。

（4）依照酒店销售工作指南，在电话销售中贯彻交叉销售的指导方针。

（5）了解并向上级汇报所负责细分市场的情况及其竞争情况。

（6）与市场营销总监一起制定特定细分市场的销售计划并落实。

（7）协助策划和协调各种销售活动。

（8）需要时或应上级领导要求，承担其他任务，以实现酒店的市场营销目标。

（9）保持与现有和潜在顾客不断接触，代表酒店参加各种国内外销售活动。

(10) 积极向市场投放酒店产品信息，让各类细分市场随时了解酒店信息。

(11) 制作并不断更新顾客管理报告，确保所有必要的事项都得到及时跟进。

(12) 协调各类市场推广活动的开发活动。

任务三　预订部业务管理

预订（reservation）是指在客人抵店前对酒店客房的预先订约。在预订得到酒店的确认后，酒店与客人之间便确立了一种合同关系。据此，酒店有义务以预先确定的价格为客人提供满意且已得到酒店确认的客房。

预订部通常设在酒店的市场销售部。对于客人来说，通过预订可以保证自己的住房需要，尤其是在酒店供不应求的旅游旺季，预订具有更为重要的意义。而对于酒店来说，便于提前做好一切接待准备工作，如人员的安排、设施设备的更新改造、低值易耗品及酒店食品、饮料的采购等。此外，通过预订，还可以使酒店提前占领客源市场，提高客房利用率。

为了对客房预订有效控制，提高酒店的开房率和经济效益，预订部要与酒店前厅部进行充分、有效的沟通，掌握预订规律，合理控制团队与散客的预订比例。

一、预订的方式

预订客房的方式多种多样且有不同的特点，客人采用何种方式进行预订，受预订的紧急程度及客人设备条件的制约。客人的预订方式主要有以下几种：

1. 口头预订

即客人（或其代理人）直接来到酒店，当面预订客房。在接受客人口头预订时，预订员应注意下列事项：书写清楚。客人的姓名不能写错，必要时可请客人自己写。在旺季，对于不能确定抵达时间的客人，可以明确告诉客人，预订保留到18：00。如果客人不能确定逗留的确切天数，也要尽量确定最多和最少的天数。

2. 电话预订

电话订房比较普遍，它的特点是速度快、方便，而且便于客人与酒店之间沟通，根据酒店客房的实际情况及时调整预订要求，从而订到满意的客房。但由于语言障碍、电话的清晰度以及受话人的听力水平等因素的影响，电话订房容易出错，因此，预订员必须将客人的预订要求认真记录下来，并在记录完毕之后，向对方复述一遍，得到客人的确认。

在接受电话预订时，要注意不能让对方久等。因此，要求预订员必须熟悉本月、本季可提供客房情况，如因某种原因不能马上答复客人，则请客人留下电话号码和姓名，待查清预订情况后，再通知客人是否可以接受预订。

3. 互联网预订

通过互联网进行预订，是目前国际上比较流行的订房方式。随着计算机的广泛使用，越来越多的散客开始采用这种方便、快捷、先进又廉价的方式进行预订。在美国，30%的旅游产品是在网上预订的。为了扩大预订渠道，酒店除了在互联网上建立自己的网站外，还应将自己的网页与国内外著名旅游酒店预订网站做友情链接，使客人能够更方便地了解酒店的信息和预订服务。

4. 手机网络预订

手机预订是一种最新的订房方式，它同时结合了电话预订和互联网预订的特点，既有电话的便利，又有互联网的查询和搜索功能。

5. 传真预订

这是一种较为正式的订房方式，一般为旅行社、团队等单位和组织所采用。其特点是方便、快捷、准确、正规，可以将客人的预订数据原封不动地保存下来，不容易出现订房纠纷。

6. 合同预订

酒店与旅行社或商务公司之间通过签订订房合同，达到长期出租客房的目的。

二、预订的种类

酒店在处理客人的订房时，一般分为非保证类预订和保证类预订。

（一）非保证类预订

1. 临时性预订

临时性预订（advance reservation）是指未经书面确认或未经客人确认的预订，通常酒店会与客人约定将客房保留到18:00，如届时客人未到，该预订即被取消。通常，客人在即将抵达酒店前一段时间内或在到达的当天联系订房时采用此方式。在这种情况下，酒店一般没有足够的时间（或没有必要）给客人寄去确认函，同时也无法要求客人预付定金，只能口头承诺。

2. 确认性预订

确认性预订（confirmed reservation）通常是指以书面形式确认过的预订（或客人已经以口头或书面形式对预订进行过确认）。对于持有确认函来店登记住宿的客人，可以给予较大的信任，因为这些客人的地址已被验证，向他们收取欠款的风险比较小。

对于确认性预订，酒店依然可以事先声明为客人保留客房至某一具体时间，过了规定时间，客人如未抵店，也未与酒店联系，则酒店有权将客房出租给其他客人。

（二）保证类预订

保证类预订（guaranteed reservation）指客人保证前来住宿，否则将承担经济责任，因而酒店在任何情况下都应保证落实的预订。

1. 预付款担保

即客人通过交纳预付款而获得酒店的订房保证。假如客人预订住房时间在一天以上，并且预付了一天以上的房租，但届时未取消预订但又未入住，那么，酒店只应收取一天的房租，把余款退还给客人，同时取消后几天的订房。如果客人在临近住店日期时订房，酒店没有足够的时间收取订金，则可要求客人使用信用卡做担保预订客房。

2. 信用卡担保

除了支付预付款以外，客人还可用信用卡做担保预订酒店客房。这样，如果客人届时既未取消预订，也未来登记入住，酒店就可以通过发卡公司收取客人当日房租，以弥补酒店的损失。比如，按照美国运通公司的"订房担保计划"，运通卡的持有人若要订房，则打电话到酒店提出订房要求，并告诉酒店自己的姓名和信用卡号码，说明是美国运通卡担保订房即可，酒店据此为客人保留客房至第二天，如客人届时未到（也未通知取消预订），则酒店可依据客人签寄的信用卡号码、姓名以及酒店的"担保订房—未到预订"向美国运通公司收取当日房费。

3. 合同担保

这种方式虽不如预付款和信用卡那样得到广泛使用，但也不失为一种行之有效的订房担保方式。酒店与经常使用酒店设施的商务公司签订合同，当公司的客户要求住宿时，公司与酒店联系，酒店便为其安排客房，即使客人未入住，公司也保证支付房租，同时，房间也被保留一晚。

对于保证类预订，酒店无论如何都要保证客人到达就有房间入住，若酒店没有空房间可提供，应代找条件相似的酒店房间。在后一种情况下，酒店要代付第一夜的房费以及其他附带费用，如出租车费等，这就是"第一夜免费制度"。

三、预订渠道

了解客人的预订渠道对于促进酒店销售、提高开房率具有重要意义。客人的订房渠道通常有以下几种：

（1）散客自订房。可以通过电话、互联网、传真等方式进行。

（2）旅行社订房。

（3）公司订房。

（4）各种国内外会议组织订房。

（5）分时度假组织订房。

（6）国际订房组织订房。著名的 SUMMIT 订房中心是全球最大的销售订房中心之一，特点如下：

① 它的客人层次较高，主要为选择入住五星级酒店的商务客人。

② 它的客源多。SUMMIT 代理了全球所有主要航空公司、旅行社和跨国商务公司的预订系统，拥有 92 家成员酒店和遍布全球的 52 个订房中心。

③ 加入网络的成员酒店档次高（均为五星级酒店）。

④ 订房管道畅通。SUMMIT 可以通过全球销售系统（GDS）、互联网和 Travel Web 网络订房。

⑤ 有较强的销售组织保证。SUMMIT 有专职销售人员，分布在世界主要城市，通过销售拜访推广成员酒店。

（7）网上订房中心订房。随着互联网技术的发展和普及，国内外出现了网上订房中心，如已在美国上市的携程、艺龙等网站。这类订房在酒店销售中所占比重越来越大，呈逐年攀升的趋势。几乎每家大型酒店都与数十家订房中心签署了订房协议，个别酒店甚至与 60 多家订房中心签署了协议。实际上，因为存在管理成本问题，酒店签约的订房中心并非越多越好。

四、预订业务管理

预订业务管理通常包括接受预订、确认预订、拒绝预订、候补预订、核对预订、取消预订、更改预订以及超额预订管理等。

（一）接受预订

预订员接受客人预订时，首先要查看计算机，如有空房，则应立即填写预订单。预订单上通常有客人姓名、抵离店日期及时间、房间类型、价格、结算方式以及餐食标准（团队）、种类等项内容。

（二）确认预订

预订员在接到客人的预订要求后，要立即将客人的预订要求与酒店未来一段时间客房的利用情况进行对照，决定能否接受客人的预订，如果可以接受，就要对客人的预订加以确认。

确认预订（confirmation）的方式通常有两种，即口头确认（包括电话确认）和书面确认。如果条件允许，酒店一般采用书面确认方式，向客人寄发"确认函"。

（三）拒绝预订

如果酒店无法接受客人的预订，就应对预订加以婉拒。婉拒预订时，不能因为未能满足客人的最初要求而终止服务，而应该主动提出一系列可供客人选择的建议。比如建议客人更改房间类型、重新选择来店日期或变更客房预订数等。此外，还可征得客人的同意，将客人的姓名、电话号码等登记在"候补类预订单"上，一旦有了空房，立即通知客人。

总之，用建议代替简单的拒绝是很重要的，它不但可以促进酒店客房的销售，而且可以在顾客中树立酒店良好的形象。婉拒预订时，要向客人签发致歉信。

（四）候补预订

在酒店预订客满或者超额预订时，不能马上满足客人的订房要求，但仍可将客人订房要求记录到计算机中，将其列入"候补类预订单"（on-waiting list）。一旦有房空出（如其他客人取消预订或提前离店），就可立即通知客人，满足客人的要求。

（五）核对预订

有些客人提前很长时间就预订了客房，在入住前的这段时间内，有的客人可能会因各种原因而取消预订或更改预订。为了提高预订的准确性和酒店的开房率，并做好接待准备，在客人到店前（尤其是在旅游旺季），预订员要通过书信或电话等方式与客人进行多次核对（reconfirming，即再确认），询问客人能否如期抵店，住宿人数、时间和要求等是否有变化。

根据客房的紧张程度（利用率状况），核对工作通常有三次，第一次是在客人预订抵店前一个月进行，具体操作是由预订部文员每天核对下月同一天到店的客人或订房人；第二次核对是在客人抵店前一周进行；第三次则是在客人抵店前一天进行。在核对预订时，如果发现客人取消或更改订房，则要及时修改预订记录，并迅速做好因此而闲置的客房的补充预订。如果变更或取消预订是在客人预计抵店前一天进行的，补充预订已来不及，则要迅速将更改情况通知前台接待处，以便及时出租给其他未预订而来店的散客（walk-in guest）。

以上是针对散客预订而言，对于大型团体客人而言，核对工作要更加细致，次数更多，以免因团队临时取消或更改订房而造成大量客房闲置，使酒店蒙受重大经济损失。

（六）取消预订

由于各种缘故，客人可能在预订后抵店之前取消预订（cancellation）。此时，预订员不能在电话里表露出不愉快，应让客人明白，酒店随时欢迎他的光临。正确处理取消预订，对于酒店巩固自己的客源市场具有重要意义。在国外，取消订房的客人中有90%以后还会预订。

客人取消预订时，预订员要做好预订资料的处理工作，修改计算机上的预订数据，并在备注栏内注明取消日期、原因、取消人等，作为重要数据保存。

如果在客人取消预订以前，预订部门（或前台）已将该客人（或团体）的预订情况通知各有关接待单位（如客房部、餐饮部等），那么在客人取消预订后，应将这一新信息通知以上单位。

如客人在原订住店日期当天未到，则由总台接待员办理有关事项（但仅限住一天），这时，接待员应及时与旅行社或其他预订单位或个人取得联系，询问是取消预订，还是预订而未到。如属前者，同样要通知有关部门；如属后者，则要根据实际情况，必要时为客人保留房间。为了防止因客人临时取消预订而给酒店造成损失或使酒店工作陷入被动，酒店可根据实际情况采取措施，比如在旺季，要求客人预先支付一定数额的订金，尤其是对团体客人，可以预收相当于一天房费的订金，并在客人抵达前一个月通知对方付款，收款后将有关资料送交前台收银处，待客人结账时扣除。

（七）更改预订

更改预订（amendment）是指客人在抵达之前临时改变预订的日期、人数、要求、期限、姓名和交通工具等。

在接到客人要求更改预订的申请后，预订员首先应查看计算机或有关预订控制记录，看能否满足客人的要求。如果能够满足，则予以确认，同时填写"预订更改表"，修改有关预订控制记录。如在此之前已将客人的预订情况通知各有关部门，则应将变更信息重新传达上述部门。假如不能满足客人的变更要求，则要求预订员将酒店空房类型与有空房的日期告知客人，并与之协商解决。

（八）超额预订

超额预订（overbooking）是指酒店在一定时期内，有意识地使其所接受的客房预订数超过其客房接待能力的一种预订现象，其目的是充分利用酒店客房，提高开房率。

由于各种原因，客人可能会临时取消预订，或出现"预订而未到"现象，或提前离店，或临时改变预订要求，造成酒店部分客房闲置，这就迫使酒店进行超额预订，以减少损失。

超额预订应该有个"度"，以免出现因"过度超额"而不能使客人入住，或因"超额不足"而使部分客房闲置。通常，酒店接受超额预订的比例应控制在10%至20%（根据酒店业的经验，订房未到者占总预订数的5%左右，临时取消预订者占8%至10%）。各酒店应根据自己的实际情况，合理掌握超额预订的"度"。

任务四　市场传媒部管理

随着信息技术的迅速发展和广泛应用，网络正以迅雷不及掩耳之势改变着人们的工作和生活方式。对于酒店而言，网络营销蕴藏着无限的潜力。如何有效地利用信息网络开展营销工作，已成为酒店业面临的重大课题。

酒店网站是酒店重要的营销渠道，也是酒店网络营销的平台。酒店网站为酒店提供了一个与客人见面和交流的机会，可以减少对通过第三方来实现网络预订的依赖。在互联网时代，有效的电子分销渠道管理必须从酒店独立操作的网站做起。企业自身的网站必须成为成本最低但毛利率最高的分销渠道之一。因此，酒店必须重视并做好自己的网站建设。

（一）酒店网站建设的原则

在建设酒店网站时，要充分考虑酒店的经营服务特色，在制定方案时要注重系统的实用性、可靠性、先进性和经济性原则，另外还要注意系统的扩展性，为以后升级打好基础。

（二）酒店网站的主要内容

1. 书面内容

一个网站的书面内容应该包括消费者关于酒店的疑问的答案，例如酒店的类型、地点和价格，并鼓励访问者预订房间。关于酒店的关键信息应该在网站上有所展现。这些内容在酒店的宣传册、促销信息和市场营销材料中可找到，应设计后放在网站上。其他重要内容包括周边娱乐的场所、活动和当地的风景旅游区介绍等。

2. 视听内容

包括酒店的标识、外观图、数码照片和其他内容。随着越来越多的网络用户使用高速网络，酒店经营者应该增加视听内容，但是必须牢记：不是所有的用户都愿意在详尽的视听内容上花时间，因此，应该避免因有太多下载内容而造成使用者用时延长和等待。

3. 预订设置

客人可以直接通过酒店的网站预订房间。潜在客户群希望立即知道他们所需的房间是否可以预订，因此网站必须有一个预订装置可以实时地显示预订信息。如果没有这项设置，很多用户会立刻转向其他酒店网站。

4. 适当的链接

高效地链接网站是重要的战略。与其他网站链接可以提升酒店的知名度，提高浏览量和点击率。

（三）酒店网站首页的设计方案

首页的设计要突出酒店行业的特殊性，在设计上尽量个性化，并动态展示酒店的整体形象，使浏览者能够全方位了解酒店。首页要简要说明酒店的概况、特色、接待能力和服务宗旨，还可以介绍酒店的成功案例、接待的重要人物及举办的大型活动，推荐不同档次的房间来满足不同层次的消费者。可采取图文结合的方式以取得更直观的展示效果。

（四）酒店网站建设存在的主要问题

"高、大、全"是酒店网站建设的主要误区。"高"即应用最新、最先进的技术，以精巧的设计来吸引人的眼球，极力体现出与众不同。"大"即以自我为中心，忽视网站的受众人群，毫不理会访问者的感受。"全"即不分主次，一味追求内容丰富、形式多样、数据完整、功能齐全。

在酒店建立门户网站的初期阶段，强调"高、大、全"似乎取得了一定的效果。然而，近年来，360度全景展示、大量flash动画效果已不再令人关注，过分的花哨和炫耀不但无法吸引眼球，反而令人生厌。极具个性的风格、曲高和寡的格调也无法得到访问者的认同，标新立异的展示往往失败，纷乱繁杂的内容令浏览者失去耐心。纵观当前国内外知名酒店网站，不再看重"高、大、全"，温馨简单已成为主流风格。

（五）如何建设有吸引力的酒店网站

要建设有吸引力的酒店网站，就要让网络用户真正喜爱上酒店的网站。酒店网站仅有访问量，而不能为企业带来效益，也不能视为成功的项目。网站要将有意浏览网站的访问者和无意路过的普通浏览者转化为使用者，并最终成为企业的客户，仅仅靠合理有效的设计、运营和管理是不够的，只有给现有的和潜在的客户提供真正的方便与实惠，才能吸引和留住他们。这就需要真正从使用者的角度去思考网站建设方案。一个好的酒店网站应具有以下特点：

1. 方便

应让浏览者可以方便地访问网站。

2. 及时更新

鉴于酒店网站的便捷性、准确性和有效性，以及基于互联网管理操控，酒店网站内容的及时更新显得十分重要，要让客户第一时间浏览到最新的房间价格、消息及优惠活动。

3. 实惠

要设法使网站访问者真正享受到不同的体验。如通过酒店网站订房有较高折扣，从网络订房公司预订更优惠，会员比非会员可以享受到更多个性化服务。

4. 特色

各家酒店的网站都有在线预订系统，要在千篇一律的在线预订系统里脱颖而出，必须做出特色。

5. 高效

在线客服的响应要及时准确，这一点十分重要。

6. 多通道

考虑到各种营销模式和管道，为了方便客人，酒店网站要能够提供酒店微博的链接通道、集团旗下各家成员酒店网站链接通道，有在线的自动客服、人工客服、微客服等各类客服通道。

7. 多平台

网站不仅仅提供给计算机终端的用户浏览，还要能够为时下流行的手机、平板计算机等移动终端提供WAP版本的平台和App客户端的应用。

【课堂充电】

市场营销管理学习小贴士

1. 与酒店其他运营部门有着明显的不同，市场销售部的工作会更具挑战性，尤其适合年轻人。但是一个好的销售人员，必须是从销售协调员基层岗位做起的。

2. 市场销售部员工除了需要良好的沟通能力、一定的英语能力和迅速的反应速度之外，还需要较好的心理素质和抗压能力，并且可以不断自我激励。

3. 酒店的营销和销售工作非常灵活，酒店的地理位置很大程度上决定了它的生意和类型，而且不同类型的酒店生意的数量种类，销售策略、方法可能完全不同。因此，在学习的过程中，应当更多地考虑酒店具体的运营情况，因地制宜。

4. 市场营销部门包括收益管理部门，技术含量非常高，因此很有发展前景。教师在教学中应加以重视，并与时俱进，帮助学生了解收益管理的含义和应用方法，充分享用大数据时代带给酒店业的益处。

复习思考题

1. 简述酒店市场营销的主要内容。
2. 酒店市场销售部由哪些部门组成？
3. 酒店营销人员如何做好销售工作？
4. 酒店应如何开展微博营销和微信营销？

项目七

酒店人力资源管理

学习目标

了解人力资源管理的主要内容,认识酒店员工的基本素质要求与服务意识,学会发现培训需求,掌握酒店培训的方法,掌握激励酒店员工的方法,学会对员工进行工作绩效评估。

任务一 了解人力资源部

现代酒店拥有四大资源,即物资、资金、信息和劳动力。人力资源是酒店最基本、最重要、最宝贵的资源,只有人才能使用和控制酒店其他资源,从而形成酒店的接待能力,达到酒店的预期目的。如何对人力资源进行科学而有效的开发和管理,已经成为现代酒店管理的核心。

人力资源管理是指运用现代化的科学方法,对与一定物力相结合的人力进行合理的培训、组织与调配,使人力、物力经常保持最佳比例,同时对人的思想、心理和行为进行恰当的诱导、控制和协调,充分发挥人的主观能动性,使人尽其才,事得其人,人事相宜,以实现组织目标。

人力资源管理的范畴包括制订人力资源计划、工作分析、员工招聘与配置、协调和处理劳资关系、员工培训、绩效考评、员工发展、薪酬与福利管理、建立员工档案等。

任务二 员工招聘管理

员工招聘是酒店人力资源管理的一项重要工作。据有关资料统计,一般酒店每年员工的流动率在50%。为了保证酒店的正常运转,招聘工作就显得尤为重要。

酒店招聘原则是因事择人、公开操作、平等竞争、用人所长。在招聘程序中,人力资源计划和职务说明书是招聘的依据,人力资源计划决定了招聘的时间、人数和岗位等,职务说明书则说明了招聘人员的要求。根据人力资源计划和职务说明书,就可以制订具体的招聘计划,从而指导招聘工作。员工招聘的途径分为内部招聘和外部招聘。内部招聘最常用的方法主要有公开招募、内部选拔、横向调动、岗位轮换、重新雇用或召回以前的雇员。在外部招聘中,发布广告、借助中介机构、实地招募、熟人推荐是最常用的方法。

对新员工的入职指导（job orientation）是新员工岗前培训的重要组成部分。新员工的入职指导通常包括酒店介绍和具体工作指导。管理人员的职责是向新员工表示欢迎，帮助他们了解酒店、所在的部门、工作岗位及所要从事的工作，使他们消除疑虑，树立信心。

酒店介绍帮助新员工了解整个酒店的管理机构，并为树立酒店的价值观和经营哲学奠定良好的基础。同时，它也帮助新员工了解他所从事的工作对整个酒店的重要性，使员工热爱自己的工作。这部分工作由酒店人力资源部负责，他们会召集一次新员工会议。通常包括如下内容：酒店总经理（或副总经理）致欢迎辞；有关部门经理致欢迎辞；播放有关酒店的录像或幻灯片，发放有关酒店管理哲学的资料；帮助员工了解他们所扮演的角色对实现酒店管理任务和目标的重要性；发放员工手册和其他有关资料；讲述酒店有关方针政策和规章制度；讨论在酒店工作的好处；讨论客人与员工的关系；填写有关个人表格；参观酒店；等等。

除上述内容以外，入职指导中的酒店介绍还包括对酒店价值观、管理理念和管理哲学等方面内容的培训。例如，法国雅高集团在对新员工进行入职指导与培训时，向他们灌输"Getting Pleasure by Giving Pleasure"（要自己快乐，首先要让别人快乐）的服务理念和管理哲学，并告诉员工，体现热情待客需要五个步骤：欢迎他们，称呼他们的名字，照顾他们的需要，感谢他们，最后请他们再次光临。另外，热情待客需要 smile（微笑），ear（耳朵），calm（镇静），recognition（认知），enthusiasm（热情），tolerance（容忍），service（服务），每个单词的首字母组合起来就是"SECRETS"。

具体工作指导是由员工所在部门的督导人员负责的。酒店各部门督导人员应该认真做好具体工作指导的准备工作，为新员工提供充分的数据和信息，使他们对自己的工作充满信心，并让他们知道，酒店欢迎他们加入所在的班组或部门。具体工作指导通常包括如下内容：与新员工讨论员工手册的有关内容（包括奖励制度、酒店政策、工作程序以及休息时间、工资单发放时间、当班时的着装等）；让新员工了解他在酒店及部门中扮演的角色；向新员工发放有关工作的"工作说明书"，并一起讨论有关内容；强调新员工将要从事的工作对整个酒店的重要性；讨论新员工将要接受的培训；向新员工发放工作评估表；向新员工介绍酒店的晋升机会；带领新员工参观本部门等。

任务三　员工培训管理

提高服务质量首先要提高员工的素质，包括服务意识的培养、职业道德教育、企业文化的熏陶、管理制度的灌输、专业知识以及技能技巧的培训等。酒店管理人员必须对员工进行多种形式的、长期的、系统的培训。对员工进行培训，不仅是管理人员实现管理目标的重要手段，而且是帮助员工获得发展的重要途径，是管理者应尽的义务。酒店各部门管理人员不仅要配合酒店人力资源部做好员工的培训工作，而且要善于发现问题，发现各种培训需求，针对部门中存在的各种服务和管理问题，及时提供有针对性的培训。

一、培训的意义与原则

（一）培训的重要性

要想让员工的工作达到既定的规格水平，严格的培训是一种必需且有效的手段，培训的意义表现在以下几个方面：

1. 提高员工的个人素质

培训是员工获得发展的重要途径。通过培训，可以使员工增强服务意识，提高外语水平，获得专业知识，掌握服务技能和技巧，使个人素质得到全面提高。

2. 提高服务质量，降低出错率

酒店员工（尤其是新员工）在工作中经常出错，这就是缺乏培训的表现。没人告诉员工该怎么做，服务质量的标准是什么，遇到一些特殊情况应该怎样处理，导致错误百出，客人投诉不断。

3. 提高工作效率

培训中所讲授或示范的工作方法和要领，都是经过多次的实践总结出来的，通过培训，掌握服务的技能技巧和科学的工作程序，不但能够提高服务质量，还可以节省时间和体力，提高工作效率，起到事半功倍的作用。

4. 降低营业成本

员工掌握正确的工作方法，能够减少用品的浪费，降低损耗，从而降低营业费用和成本支出。

5. 提供安全保障

培训可以增强员工的安全意识，使他们掌握正确的操作方法，从而减少工伤等安全事故。

6. 减少管理人员的工作量

如果员工素质低，工作中不断出错，管理人员将被迫"四处灭火"。通过培训，可使员工素质得以提高，使各部门的工作有条不紊地进行，从而可以大大减少管理人员的工作量，也使管理者的管理工作变得轻松、愉快。

7. 改善人际关系

通过培训，能使员工和管理层之间相互了解，建立起良好的人际关系。

8. 使酒店管理工作走向正规化

一家酒店设不设培训部，或一个部门是否组织培训工作，在很大程度上反映了该酒店或部门的管理工作是否正规。通过培训，可以使各部门的工作走向正规化、规范化，也可以增强各部门员工的服务质量。

值得说明的是，培训的作用是潜移默化的，对员工和酒店的影响是长期的，可谓"润物细无声"，那种要求培训取得立竿见影的效果的思想是不对的，也是不现实的。对此，各部门管理人员应该有清晰的认识。

（二）培训的原则

1. 长期性

酒店业员工的流动性比较大，再加上酒店业不断发展，客人对酒店的要求越来越高，科学技术在酒店的应用也层出不穷，因此，员工的培训必须长期坚持。

2. 系统性

（1）培训组织的系统性。对员工的培训，不仅是人力资源部的事，而且是各个部门的重要工作。强调系统性，就是要根据酒店的管理目标，把酒店的统一培训和部门的培训结合起来，形成一个相互联系、相互促进的培训网络。各部门培训与酒店人力资源部培训的内容和侧重点有所不同，各部门应该加强与人力资源部的沟通、合作与协调。

（2）培训参加者的全员性。各部门所有员工都必须参加培训，避免出现服务员接受过培训而部门经理未必专业，结果造成"外行管内行"的混乱局面。

（3）培训内容的系统性。每次培训活动应该是酒店及部门长、中、短期整体培训计划的一个组成部分，培训的内容应该与前一次及下一次培训的内容相互衔接，避免培训工作的盲目性、随意性，以及培训内容上的相互冲突和不必要的重复。因此，管理人员应该建立培训档案，做好培训记录。

3. **层次性**

虽然酒店所有员工都必须参加培训，但由于岗位不同、级别不同、工作内容和要求不同，培训工作应该分层次进行，比如服务员培训、督导人员培训、经理培训等，以便取得良好的培训效果。

4. **实效性**

培训工作是提高员工素质和服务质量的重要保障，酒店为此需要投入可观的人力、物力、财力，因此，培训工作不能走形式，必须注重培训效果，各部门管理者必须认真组织，严格实施，严格考核。对于考核不合格的员工不允许上岗，不达要求决不放行。培训的内容要针对部门服务和管理中存在的问题和薄弱环节加以确定。

5. **科学性**

要按照制定的岗位责任书的内容，利用科学的方法、手段进行培训，不能图省事而采取"师傅带徒弟"的简单、陈旧的方式。

二、培训的内容与类型

（一）培训的内容

酒店不同部门的员工培训，应该有所侧重。员工培训通常包括以下内容：酒店及部门规章制度；服务意识；职业道德；仪表仪容与礼貌礼节；服务程序、规范与技能技巧；英语；安全知识；管理人员的管理技能。

（二）培训的类型

1. *岗前培训*

岗前培训包括对新员工的入职指导和岗位工作所需的操作程序、服务规范以及基本的服务技能技巧的训练。酒店必须贯彻"先培训，后上岗"的原则。

2. *日常训练*

日常训练即针对工作中发现的问题随时进行培训。它可以在不影响日常工作的情况下，穿插进行一些个别指导，也可利用各种机会对一定范围内的员工进行指导。其目的在于逐步强化员工良好的工作习惯，提高其工作水平，使部门工作趋向规范化和协调化。酒店的日常训练是一项长期的、无止境的工作，班前班后的会议、部门例会和工作检查等都应与此联系起来。

3. *离岗培训*

对于上岗后在业务、技术、职业道德等方面不称职的员工，应要求离岗培训，经严格考核合格后方能上岗。对于两次离岗培训后,考核仍达不到要求的,则应考虑调离该岗位。

4. 专题培训

专题培训是对员工就某个专项课题进行的培训。随着工作要求的逐步提高,有必要对员工进行有计划的单项训练,以扩大员工的知识面,进一步提高员工的专业素质。专题培训的方式和内容灵活多样,包括业务竞赛。涉及的内容可以是知识性的,也可以是操作性的。业务竞赛是激发员工自觉学习、训练和交流的好方法。还有专题讲座。可根据工作需要,选一个主题(如接听电话的技巧、处理客人投诉的方法、督导人员管理技巧等),由本部门员工或聘请其他专业人员来讲授或示范。还有系列教程。如通过举办初、中、高级英语学习班,来满足不同员工学习英语的需求,提高员工的外语水平。

5. 管理培训

管理培训又称晋升培训或发展培训,是一种针对有潜力的服务员和管理人员设计的在晋升高一级的管理职位之前实施的培训项目。这有利于其了解其他部门或岗位的工作内容、性质、特点,掌握必要的管理技能、技巧,以适应未来管理工作的需要。因此,管理培训实际上是员工晋升前的热身运动。

三、培训计划的制定

(一) 发现培训需求

酒店管理人员通过分析工作中带有普遍性的问题,根据酒店或部门制定的工作目标与现状之间的差距来确定是否需要培训、何时实施培训和怎样进行培训。

在下列情况下通常需要培训:

(1) 酒店开业。
(2) 新的设备、工作程序和管理制度投入使用。
(3) 员工从事一项新工作(无论是新员工入职,还是老员工调整工作内容)。
(4) 管理者想帮助员工在事业上得到发展。
(5) 工作效率降低。
(6) 工作中不断出现差错。
(7) 各岗位之间经常产生摩擦。
(8) 顾客投诉较多,或员工工作不符合酒店的质量和数量要求。
(9) 酒店或部门制定的工作目标与现状之间有较大的差距。

(二) 制定培训计划

确定培训需求以后,就要制订培训计划。完整的培训计划应包括如下内容:

1. 培训目标

培训目标即通过培训,受训者应该达到的要求。培训的目标要着眼于提高员工的实际工作能力。目标不能是笼统的,应该有具体、明确的要求,规定经过培训必须学会做哪些工作和达到什么要求。

2. 培训时间

培训的时间应尽量安排在淡季,以不影响或少影响工作为原则。在培训计划中,应明确说明培训的开始日期、结束日期及每日培训的准确时间，以便部门或班组据此安排好工作。

3. 培训地点

培训地点可以在店外，也可以在店内；可以在培训教室，也可以在受训者的实际工作岗位。但一定要在不受人或物干扰的场所进行。

4. 培训内容

培训内容应根据前台及客房部工作的实际需要、酒店的要求和员工的特点、能力确定。

5. 受训者及培训要求

说明接受培训的对象及培训要求，以确保培训工作取得良好的效果。

6. 培训者

根据培训的对象、培训的内容等实际情况，培训者可以由本部门或本酒店的优秀员工担任，也可聘请店外专业人士担任。

选择合适的人员来担任培训者，是保证培训效果和质量的关键环节之一。并非所有有能力、有技术专长的人都能担当此任。作为培训者，除了要熟练掌握所要传授的知识和技能外，还应具有培训他人的特殊素质和才能，具有一定的教学方法和技巧，明确对受训者的要求，善于发现受训者存在的问题，并及时进行分析，有计划、有准备、循序渐进地进行指导。此外，作为酒店的培训者，除了有专业知识和工作技能以外，还必须对部门和酒店的工作有一股热情，是员工学习的榜样。

7. 培训方式

培训的方式通常有以下几种：部门（酒店）内部培训或委托培训；"请进来"或"送出去"培训；岗位培训或脱产培训；课堂讲授或操作示范。

8. 培训所需的设备、器材

根据培训的内容，培训工作可能需要幻灯机、录像机、电视机、计算机等设备和白板、笔等教学器材，以及书、笔记本等教学用具。这些均需在培训计划中一一列明，以便做好培训的准备工作。

9. 培训组织

确定负责实施培训计划的机构和人员。

任务四 员工绩效管理

为了提高服务质量和工作质量，必须加强对员工的日常考核和定期评估工作。否则，将会出现有令不行、人心涣散、服务质量下降的状况。

一、日常考核

酒店各级管理人员平时应做好对属下员工工作表现的观察与考核记录。这不仅是提高服务质量和工作质量的重要手段和途径，而且是对员工进行客观、公正的评估的基础。考核应该逐级进行，涉及部门内包括管理人员在内的每一位员工。领班对服务员进行考核，主管对领班进行考核，部门经理则对主管进行考核。如果服务员的工作质量出现问题，领班没有发现，或没有处理，或没有在考评表中予以反映，就是领班的失职，主管发现后应对领班进行扣分，而如果主管没有发现，或没有处理，则部门经理发现后，要对主管扣分和处理，除了对当事人进行批评教育以外,还将在每月业绩奖中予以体现。当然,管理者应明白,考核、评估只是手段而已,提高服务质量和工作质量才是最终目的。

考核的内容可以因考核对象不同而不同,对服务员的考核包括员工的出勤情况、仪容仪表、服务态度、客人投诉情况、工作差错情况、违反店规店纪情况、与其他员工的合作程度、对管理人员的服从性以及工作责任心与自觉性等。管理人员的考核还包括现场督导和管理情况、财产管理情况及考评工作执行情况等。

为了增强考核工作的客观、公正性,考评员还应在考评表的背面注明扣分的理由和出现的问题,使被考评者心服口服,这也是今后对员工工作进行评估的客观依据。

二、工作评估

对员工的工作评估,就是按照一定的程序和方法,根据管理者预先确定的内容和标准,对员工的德、才表现和工作业绩进行考察和评价。对员工的工作评估可以定期进行,也可以不定期进行。

(一) 评估的作用

1. 能够激励员工更好地工作

通过工作评估,能充分肯定员工的工作成绩及良好表现,这是对员工所做工作的肯定,能够激发员工的进取心。

2. 有助于发现员工工作中的缺点和不足,以便采取相应的管理措施

如果发现员工工作态度不端正、努力程度不够,应分析原因,解决问题,帮助员工加以改进。如果发现员工缺乏专业知识或技能技巧不熟练,则应确定进一步的培训需求,并纳入下一步的培训计划。

3. 为今后员工的使用安排提供依据

评估可发现各方面表现突出且有发展潜力的员工。可对这类员工制订发展计划,提出更高的要求,为今后职务晋升或胜任更重要的工作打好基础。通过评估,也可发现不称职、不合格的员工,为保证工作质量和服务质量,应调整其工作岗位或予以解聘。

4. 有助于改善员工和管理人员的关系

评估能够加强员工与管理人员之间的双向沟通,促进他们相互了解。认真、客观、公正的评估,能够对员工起到激励作用。但上级管理人员对下属带有偏见、不够客观公正的评估,也会恶化员工与上级管理者之间的关系,对于今后工作的开展造成不利的影响。

(二) 评估的依据和内容

对员工评估的依据是酒店岗位责任制或工作说明书中对该岗位员工的基本要求(包括工作职责、标准、任务等)以及员工对岗位职责的履行情况。评估的内容包括被评估者的基本素质、工作业绩、工作态度等。

(三) 评估的程序和方法

1. 填写评估表

对员工的评估通常为每年一次,用于评估的表格一般由酒店统一设计和印制。为了给年

度评估提供依据，使年度评估更准确，同时进一步激励员工努力工作，也可以对员工进行月度评估，月度评估的形式和内容以简单为宜。

2. 评估面谈

评估表填写好以后，评估者（部门经理或主管）要与被评估者面谈，就评分表上的各个项目及评分情况逐条向被评估的员工解释说明。被评估者可以在面谈时对评估者的评估意见提出不同的看法，并与评估者进行深入的讨论。如不能取得一致意见，可由人力资源部约见该员工，听取其意见，并做适当的处理。

另外，为了取得良好的面谈效果，评估者应当掌握一些面谈的方法和技巧：批评应注意对事不对人，切不可进行人身攻击。尽量不要涉及其他员工，尤其不要在面谈的员工面前批评其他员工，以免人为地制造矛盾，导致员工之间的不团结。面谈时要集中思想，注意聆听员工的谈话，以便建立起双方相互信任的沟通管道。面谈时心不在焉，会使员工对评估者的诚意产生怀疑，继而失去信任。谈话的用词要恰当，尤其是在对员工进行批评时，必须注意选用恰当的词汇。切忌在被评估者情绪激动时，对其提出对抗性的指责，以免双方情绪对立而使面谈无法进行。评估应该实事求是，当被评估者对评估结果感到不满意时，评估者应加以解释。如有必要，可以修改评估结论并再次讨论。面谈过程中，要强调员工的长处，即使是表现欠佳的员工，在结束面谈时也应该用积极的话语加以鼓励。但是，对于员工的不足之处，也应该严肃地向他指出。评估者应该极力创造轻松和谐的面谈气氛，以利于双方的自由沟通。

（四）评估注意事项

1. 评估必须客观、公正

评估者对评估工作必须严肃认真、客观公正，以日常考核和员工的工作表现为依据，绝不能主观臆断，凭印象或个人好恶行事。

2. 注意选择面谈的地点

与被评估者进行面谈时，选择的地点要安静，不受其他人或各种噪声的干扰。

3. 鼓励对话

评估过程本身就是为酒店经营管理活动提供回馈信息的途径，也是上、下级之间的沟通管道。单向的评估容易引起员工的不满，最终使员工的工作情绪与评估的宗旨背道而驰。因此，与被评估者面谈时，应当鼓励被评估者提不同意见或看法，而不能对其进行压制。

此外，评估的目的是向被评估者实事求是地指出缺点，提出改进的方法和努力的方向，热情地肯定优点，提出要求和希望。切忌将评估当成整人的"秋后算账"。有些管理者平时对员工工作中出现的缺点和毛病，不及时指出、不提出善意的批评。平时积累起来，在评估时算总账，这样做是极其错误的，难以实现评估的目的，无法对员工起激励作用。

任务五　员工激励管理

员工激励是酒店人力资源管理的重要内容，做好员工激励工作能够提高员工的积极性，激发员工潜能，改善工作态度，增强工作热情，提高工作数量和质量。酒店有些员工具有较高的文化水平和外语水平，较好地掌握了服务技能和技巧，但在工作中就是不表现出来，工作缺乏积极性、主动性、服从性、合作性差，服务质量较差，这就是缺少激励的表现。为了充分发挥员工的潜能，调动员工的积极性，酒店管理人员必须学会激励员工，掌握有效激励员工的方法。

一、激励员工的方法

（一）实行计件工资制

按劳分配是进行员工激励的基本方法。根据工作性质和工作特点，对于有条件的部门可实行计件工资制，如客房部可按照楼层服务员每日打扫的客房数量计发工资。

（二）实行等级工资制

打破工资一成不变的状况，实行等级工资制，将员工按工作技能、知识及工作表现分为初、中、高级，通过考核拉开工资差距，从而激励员工不断进步。

（三）实行免检制度

这是一种角色激励法。即通过给予表现较好的员工及具有一定资质的员工自做、自查、自检、自报完成的工作任务，来达到节约人力成本、激励员工的目的。该制度规定，首先由符合条件的员工自己申报，部门进行审核，完成提名工作，同时给予被提名的人员为期一周的系统培训，培训后安排在特定的楼层独立上岗。对于一个月内抽查结果优良的，部门申请奖励。实行这一制度，由于事先给员工进行了系统的培训，因此员工的进步较大，同时由于给予员工充分的信任，员工得到一定程度的尊重，积极性被充分调动起来。

实行免检制度时，酒店要注意为具有免检资格的员工合理地规划好未来的职业发展。这也是企业培养员工、为员工职业生涯做长远规划的负责任的行为。评为免检服务员的员工应享有与众不同的荣誉、薪资、福利、地位、奖励和优先的晋级机会。

另外，员工获得免检资格，并不代表永久性拥有免检资格和待遇优先资格。主管、经理要不定期、不定时地对其工作质量进行抽查，并设定免检率的最低底线，发现有超过一定百分比的产品和质量达不到免检标准时，应取消服务员的免检资格和待遇，以保证服务员免检资格真实有效。

1. 评选先进班组

评选先进班组是一种集体激励方案。通过对班组的出勤率、仪容仪表、卫生质量、服务质量、班组纪律、成本控制、培训学习等内容的评定，员工当月的表现及班组的整体表现既作为评选先进班组的唯一条件，又作为对员工及领班半年评定的参考条件。这样，各区域的员工与领班有效捆在一起，荣辱与共。

2. 实行好人好事举荐制度

酒店实行好人好事举荐制度对于被举荐者和举荐者本人都不失为一种很好的激励手段和制度。

3. 竞争激励

竞争激励实际上也是荣誉激励。得到他人承认、有荣誉感、有成就感、受到别人尊重，是著名心理学家马斯洛需求层次中的高级需求。酒店员工主要是青年人，他们争强好胜，上进心强，对荣誉有强烈的需求，这是开展竞赛活动的心理基础。酒店可以开展诸如英语口语竞赛、服务知识竞赛、服务态度竞赛和服务技能技巧竞赛等。通过组织这些竞赛，不仅可以调动员工的积极性，而且可以提高员工的素质。

4. 情感激励

在一个部门里，如果大家情投意合，互相关心，互相爱护，互相帮助，就一定会形成一个强有力的战斗集体，从而为客人提供良好的服务。因此，酒店管理人员必须重视感情投资。

在运用情感激励时，管理人员要注意做好以下两方面的工作：注意启发和引导员工创造一个互相团结、互相帮助的环境。以身作则，对员工热情关怀、信任、体贴。对他们做出的成绩，要及时给予肯定；对他们的缺点，诚恳地说明改正；对他们工作中遇到的困难，要尽力帮助解决。特别是当员工家庭或个人生活遇到什么不幸或困难时，要给予同情、关怀，必要时在经济上予以支持和帮助，员工对此会铭记在心，从而起到极大的激励作用。在关键时刻对员工伸出同情与援助之手，比平时说上一千句、一万句激励的话更能打动人心。

5. 晋升与调职激励

人人都有上进心，利用人们的上进心理，给予员工职位晋升的机会，无疑是一种极为有效的激励方法。除了对工作表现好的员工提供晋升机会以外，还可以通过在部门内部调换员工的工作岗位来激励员工。通常有两种情况：一是个别管理者与员工之间由于偏见、个性不合或意外事故而引起尖锐的矛盾，如通过协调或其他方式仍无法解决，可将该员工调离本班组（岗位），以调动双方的工作积极性；二是员工与管理者之间虽然不存在矛盾，但目前的工作岗位不适合他本人，不能充分发挥其个人专长和才干，通过调换工作岗位，不仅可以充分利用人力资源，而且可以激励员工，极大地调动员工的工作积极性。

6. 示范激励

酒店管理人员要以身作则，以自己的工作热情、干劲去影响和激励下属员工。榜样的力量是无穷的，一个组织的士气和精神面貌很大程度上取决于其领导者。有什么样的管理者，就有什么样的下属员工。没有一流的管理者，就不可能有一流的酒店和一流的服务员，因此要造就一流的员工，管理者首先应该从各方面严格要求和提高自己，成为一流的管理者。

二、员工激励应注意的问题

在员工激励中，酒店各级管理人员要特别注意以下问题：

（一）尊重、理解和关心员工

对员工在工作上要严格要求，但在生活上要关心员工、尊重员工，以情动人。尊重员工，就是要尊重员工在酒店的主人翁地位；理解员工，就是要理解员工的精神追求和物质追求；关心员工，就是要心系员工，尽可能解决员工的实际困难。只有员工真正意识到自己受到尊重，是酒店的主人，才会以主人翁的态度积极工作。

（二）帮助员工疏导情绪

有些员工之所以缺乏工作热情，可能是因为种种原因情绪不好，对此，管理者应根据实际情况，认真分析，采取改进措施，为员工理气。

（三）多培训、少指责

当工作中出现问题时，管理者首先应进行自查、自纠，对自己的管理工作进行反省，而不是一味地去埋怨、指责与惩罚员工。虽说惩罚是一种负强化激励手段，在一定条件下能够起到一定的积极作用，但管理者要记住：惩罚只是一种手段，而非目的，不能滥用，否则，会引起对抗情绪，不利于团队精神的形成。有些管理人员工作方法简单粗暴，动不动就使用手中"惩罚"的大棒，结果使部门（班组）内怨声载道。因此，管理者在管理实践中应该遵循的原则是：在正常能解决问题的情况下，尽量少用或不用惩罚手段。

（四）激励要遵循公平性原则

酒店管理人员在对员工进行物质激励时，一定要注意公平，否则，不但起不到激励作用，反而会挫伤员工的积极性，甚至造成矛盾，影响团结。事实证明，下属可能对领导者的能力和工作水平较低予以容忍，而对领导者不能一视同仁、处理问题不公平，则往往表现出不能容忍的态度。

（五）激励要有针对性

员工激励要有针对性，即针对不同的情况，采取不同的激励方法。比如，有些员工原本有认真工作的想法，但由于处在一种松散的环境中，久而久之养成了懒散的习惯。管理者一旦发现这种趋势，就必须加强劳动纪律，严格工作制度。又如，有的员工原本工作热情很高，但因忍受不了同事的冷眼与讥笑，工作热情渐渐冷却。这时，管理者就要考虑通过各种方法，营造良好的、积极向上的企业文化氛围。

（六）激励行为要及时

员工激励要有及时性，对于表现优秀的员工或酒店出现的好人好事，要及时予以表扬，否则，时过境迁，同样的激励行为将起不到激励作用。

【课堂充电】

人力资源管理学习小贴士

1. 人力资源部属于二线部门，工作时间比较固定，但工作琐碎而繁忙。

2. 人力资源部负责为酒店招聘大量优秀的、可以留住的员工。首先，社会上能提供的人才远远不够，整个行业需要优秀的院校提供优质的人才。其次，酒店需要引领、培养和留住这些人才，这是人力资源部的工作重点。

3. 酒店需要的是有热情、具备实际动手能力和解决问题能力的应用型人才。实际工作过程中，酒店需要的是能够想尽办法把问题解决掉而非把问题总是抛给别人的员工；酒店需要能够把时间规划好的高效员工而非忙忙碌碌却效率不高的员工；酒店需要对工作怀有极大热情而非为了工作而工作的员工。

4. 如今许多人不愿意从事服务行业，是因为他们还没有建立起大服务业的观念，在当今，服务业不仅仅限于酒店业，还有许多比如奢侈品管理、高尔夫管理、物业管理、大企业服务团队、高端零售服务等，这些行业都需要大量的具有很强服务意识和服务能力、懂英文的服务者和管理者。从事酒店业，对于以上能力的培养是非常有效的，学生经过严格的训练和在企业的历练，以后有机会宏图大展。

复习思考题

1. 试述酒店培训的类型、方法和艺术。
2. 简述酒店激励员工的主要方法。
3. 如何对酒店员工进行工作绩效评估？
4. 如何对酒店"90后"员工进行激励？

项目八

酒店财务管理

学习目标

了解财务管理的概念和特点,以及成本费用管理和财务分析的相关内容。

任务一 了解财务管理

财务泛指社会经济环节中涉及钱、财、物的经济业务。酒店财务是客观地存在于酒店的生产活动中,通过货币资金的筹集、分配、调度和使用而同有关方面发生的经济关系。

一、酒店财务管理的概念

酒店财务管理是指对酒店财务活动的管理。财务活动即酒店财产物资方面的业务活动及事务活动,包括各种财产物资的取得、置配、耗用、回收、分配等活动。在市场经济中,各种财产物资有价值和使用价值,财产物资价值的货币表现就是资金。

为了保证业务经营活动的正常进行,酒店首先要筹集一定数额的资金,有了资金后,还要做好资金的投放,使之形成酒店业务经营所需要的各种财产物资,即各项资产。而在酒店的业务经营过程中,资产的价值形态不断地发生变化,由一种形态转变为另一种形态。酒店是借助有形的设备、设施,通过提供服务而获取经济效益的生产经营单位。酒店经营者运用投资者提供的资金进行经营。从形式上看酒店财务是货币等财产资源的收支活动,它表现为酒店资源量的增加与减少,其基本内容体现为筹资、投资与分配等;从实质上酒店财务体现着酒店与各方面的关系,由此体现着一定社会的经济利润。酒店财务活动包括酒店由于筹集资金、运用资金、分配利润而产生的一系列经济活动,酒店财务活动的总和构成酒店的资金运动。酒店财务管理的对象,就是资金的运动。

酒店财务管理是随着酒店规模不断扩大,管理不断深化而出现的一种管理职能,它主要解决酒店经营中的一些理财问题。管理者根据酒店的经营目标和经营需要,按照资金运动规律,对酒店的财务问题进行科学有效的管理,并正确处理酒店同社会各种利益关系团体和个人之间的经济关系。

二、酒店财务管理的特点

酒店作为一个综合性的服务组织，它所提供的商品与其他企业生产提供的商品不同，酒店的产品是为旅游者提供以食宿为主的各种服务，因而酒店财务管理有其自身的特点。

（一）客房商品销售的时间性

酒店是通过提供服务或劳务直接满足宾客需要的，当宾客在酒店消费时，酒店设施与服务结合才表现为商品。客房销售有着强烈的时间性，如果当天不能实现销售（出租给宾客），则当日的租金收入则永远失去，即客房商品无法实现去库存。客房商品销售的时间性，要求酒店财务部门应积极支持营销部门的促销活动，提高客房出租率，增加客房收入。

（二）宾客结算的即时性

酒店为了方便宾客简便快捷地结账，一般在宾客离店时一次性结清付款，不论宾客何时离店，都应立即办理结账手续，防止出现错账、漏账和逃账。这就要求酒店财务部门必须昼夜提供值班服务，尤其是及时为客人提供入住、货币兑换、离店等各种业务。从这一方面讲酒店财务管理工作的时间性比一般企业的财务管理时间性要强。

（三）投资效益的风险性

酒店固定资产投资金额大，一般要占总投资额的 80% 左右。由于固定资产具有使用年限长的特点，一旦投入往往难以改变，如果酒店市场形势不好，必然导致投资效益低下。酒店的巨额固定资产投资在建成以后，要经过较长时期的经营活动才能逐步收回。所以其投资决策成功与否对酒店未来的发展方向、发展速度和长期获利能力都有重大影响。在投资决策之前，一定要对投资方案的预期经济效益做深入全面的评价，用审慎的态度、科学的方法选择最有利的投资方案，规避风险，获取最大利益。

（四）更新改造的紧迫性

酒店的各类设备、设施是否新颖，对营业状况影响很大，这种情况决定了酒店的资产设备更新周期短，需要经常进行更新和改造，以保持酒店的全新风貌。因此酒店财务管理人员要注意研究各种资产设备的经济寿命周期，寻求最佳更新时机，适时装修改造，以获得更高的资产使用效益。

（五）经济效益的季节性

酒店的经营体现着明显的季节性，这导致酒店经济效益也随之出现明显的季节性波动，结合季节性的特点，酒店应合理进行季节安排，使淡季不淡，取得最佳经济效益。

三、酒店财务管理目标

酒店财务管理目标（goals of financial management），是指酒店进行财务活动、处理财务关系所要达到的目标。酒店财务管理目标决定了财务管理的基本方向，只有目标明确，酒店管理者才能进行有效的财务管理。

（一）总体目标

1. 利润最大化

利润最大化是指酒店的管理者把在比较短的时期里获得最大的利润作为酒店财务管理的目标。利润反映了酒店经济效益的高低，是资本报酬的主要来源；利润越多，意味着实现的劳动价值越多，职工报酬也越高；利润代表着剩余产品的价值，剩余产品越多，社会财富也越多。利润最大化意味着社会财富的最大化。但利润总额是一个绝对数，它受到酒店规模大小的制约，不同规模的酒店无法用利润总额进行比较，不能反映出所得利润额与投入资本额的相对关系，不利于在不同时期，不同规模酒店之间进行对比，所以将资本利润最大化代替利润最大化更为合理。以资本利润最大化作为酒店财务规律的目标，有利于酒店加强财务管理、更新技术、降低成本费用、提高劳动生产率、以较少的投入获得更多的利润。在资金市场上，资金报酬率和预期风险之间的关系，决定着资金的流向，引导资金所有者将资金投向报酬率高、风险低的使用者手中。

利润最大化作为财务管理目标，也存在着一些不足：第一，没有考虑到资金的时间价值，无法反映收益的时间性或连续性。第二，没有反映投资风险的大小。在酒店的投资过程中，如果单纯追求高利润，则有可能面临更大的风险，因为风险大的项目往往会给投资者带来较高的利润。酒店管理者如果单纯追求利润最大化，则必然在投资决策中选择那些风险较大的投资方案。第三，片面追求利润最大化，往往使企业财务决策带有短期行为。酒店的管理者往往会倾向于投资那些在短期内获得高额利润的投资项目，而忽略那些虽然在短期内不会为企业带来较多利润，但从长远来看，却有稳定利润及良好社会效益的项目，使酒店在经营和管理中出现短期行为。第四，为了追求酒店利润最大化，酒店管理者有时会采取不分配或少分配股息的方案。

2. 财富最大化

以投资者财富最大化作为酒店财务管理的目标，是对酒店经济效益深层次的认识。酒店经过经营管理，采用最优的财务政策，在考虑到资金的时间价值和投资风险价值的前提条件下不断增加所有者的财富，使酒店的总价值达到最大。在股份制酒店中，投资者个人财产与酒店相关的部分就是对股票的投资。因此，投资者财富最大化可以表现为酒店股票价格的提高。

以财富最大化为酒店财务管理的目标，弥补了以利润最大化为财务管理目标的不足。首先，以财富最大化作为酒店财务管理目标避免了由于追求利润最大化而产生的短期行为，投资者不单纯重视当前利润的获得，而且将更为关注预期酒店利润的变动。其次，投资者财富最大化目标考虑了资金的时间价值和投资的风险价值，能够避免不顾风险的大小，只片面追求利润最大化的短期倾向，使投资者资产能够充分保值增值。再次，财富最大化也能使社会效益最大化，实现社会资源的最合理分配。社会资源通常向价值最大化或股东财富最大化的企业或行业流动，当各个酒店都追求财富最大化时，在国家宏观调控和法律约束下，会使整个社会财富得到增加，有利于实现社会效益最大化，最终满足人民日益增长的物质文化生活的需要。最后，财富最大化的目标满足了国家、酒店、职工、股东等利益集团共同的目标，财富最大化促使各方利益得以实现，不仅反映出股东的愿望，也反映出整个社会的经济目标。

3. 社会责任

酒店应承担对社会应尽的义务，如果每一个酒店都能够积极承担一定的社会责任，如保护消费者权益，合理雇用员工，为职工提供培训和深造的机会，消除环境污染，保护环境等，这将会为整个社会的繁荣和发展做出积极的贡献。但企业在追求利润及财富最大化时，往往与一些社会利益相矛盾，过多承担社会义务会影响酒店的收益和利润的增加。如酒店所进行环境保护的投资，尽管由于保护生态环境而带来收入的减少，但酒店在承担这一社会责任的同时，也保持和改善了酒店在社会公众中的形象，提高了酒店在公众中的地位，从而获得长远的经济效益。

（二）具体目标

酒店财务管理的具体目标，体现在酒店的财务活动全过程中，即筹资、投资、分配等方面。

1. 筹资财务管理目标

酒店筹资管理目标是以较少的筹资成本和较低的筹资风险获得更多的资金支持。资金成本降低会增加酒店的价值。另外，筹资还会给酒店带来偿付和保付责任或风险，如果这种责任或风险降低，也会增加酒店的价值。因此，酒店财务管理的目标在筹资活动中的具体体现就是：以较低的筹资成本和较小的筹资风险，获取同样多的或者更多的资金。

2. 投资财务管理目标

投资就是酒店资金的投放和使用，包括对酒店自身经营活动所进行的投资和对外投资两个方面。酒店在经营过程中，会选择适当时机对自身经营活动进行投资和对外投资。一般情况下，投资收益和风险是并存的，这就要求酒店在财务管理目标中力求达到投资收益最大化、风险最小化。

3. 分配财务管理目标

分配是指酒店要将取得的收入和利润在酒店与相关利益主体之间进行分配。这种分配不仅涉及各利益主体的经济利益，涉及酒店的现金流出量，从而影响酒店财务的稳定性和安全性，还涉及酒店价值的变化。酒店如果把大部分收入和利润进行分配，虽然会提高各利益团体对酒店的市场评价，但会影响酒店资金的积累，增加酒店筹资规模及筹资成本，从而影响酒店未来的收入。因此，酒店要在这两者之间进行权衡，选择适当的分配标准和分配方式，既能提高酒店的即期市场价值和财务的稳定性和安全性，又能使酒店未来收入或利润不断增加，满足多方利益集团的利益，从而使酒店的市场价值不断上升。

任务二 成本费用管理

酒店的成本费用管理是酒店财务管理的重要组成部分。成本费用是酒店经营耗费补偿的最低界限，是制定价格的基础，也是检验酒店经营质量的重要指标。

一、酒店成本费用的概念

成本费用是指酒店在一定时期的经营过程中为宾客提供服务所发生的各项费用的总和。酒店在为宾客提供各项服务过程中要发生各种直接支出和耗费。成本是指购进商品和雇用劳动力时发生的支出，如酒店经营过程中购买的各种原材料、商品等的支出。费用是指某个时期为获取收入而发生的耗费。在购进商品和雇用劳动力时发生的直接支出，应列入成本而未将其列入成本的，在各时期为获取收入而发生的耗费等称为费用。其内容包括营业费用、管理费用和财务费用。酒店相对来说营业项目少，其营业成本主要包括餐饮原材料成本、商品进价成本等。按照我国现行成本管理制度规定，酒店各项业务成本费用如下：

（一）营业成本

酒店营业成本是指酒店在经营服务过程中所发生的各项直接支出，包括餐饮成本、商品成本、洗涤成本、其他成本等。

1. 餐饮成本

即酒店餐饮部制作食品菜肴和饮料使用的原材料、配料、调料的进价成本。

2. 商品成本

即已经销售商品的进价成本。

3. 洗涤成本

即酒店洗衣部洗涤衣物时使用的用品用料的支出。

4. 其他成本

即其他营业项目所支付的直接成本，如复印项目的复印纸等。

（二）期间费用

酒店期间费用是在一定会计期间发生的费用，包括营业费用、管理费用、财务费用等。

1. 营业费用

营业费用是指酒店各营业部门在经营过程中发生的各项费用，包括：运输费、装卸费、包装费、保管费、保险费、燃料费、水电费、展览费、广告宣传费、邮电费、差旅费、物料消耗、折旧费、修理费、经营人员工资、职工福利费、工作餐费、服装费、其他营业费用等。

2. 管理费用

管理费用是指酒店为管理生产经营活动而发生的费用以及由酒店统一负担的费用，包括公司经费、工会经费、开办费、职工教育经费、劳动保险费、待业保险费、劳动保护费、坏账损失、董事会费、租赁费、咨询费、审计费、诉讼费、排污费、绿化费、土地使用费、技术开发转让费、无形资产摊销、开办费摊销、业务招待费、坏账损失、存货盘亏、毁损和报废等。

3. 财务费用

财务费用是指酒店为筹集经营所需资金等而发生的一般财务费用。具体包括营业经营期间的利息净支出、汇兑净损失、金融机构手续费、加息及筹资发生的其他费用。

二、成本费用控制的意义和程序

酒店的成本费用管理是酒店财务管理的重要组成部分。酒店开展成本费用控制可以事先限制项目费用和消耗的支出，有计划地控制成本费用，减少资金占用量，提高资金的使用效益,达到降低成本、提高经济效益的目的,从而增强酒店竞争力,改善经营管理。成本控制可按发生时间先后划分为事前控制、事中控制和事后控制三个阶段。

(一) 事前控制

事前控制,即设计阶段,主要进行的工作有:对影响成本的经营活动进行预测、规划、监督;建立健全成本责任制,实行归口管理。具体内容有:制定成本费用控制标准,如标准成本、成本预算指标、物资消耗定额等,建立健全成本费用控制责任制及各项控制制度。

(二) 事中控制

事中控制,即执行阶段,主要依据现实制定的控制标准及控制责任制,在实际发生成本费用过程中,对成本形成全过程进行监控,并预测今后发展趋势。

(三) 事后控制

事后控制,即考核分析阶段,在成本费用形成之后进行综合分析和考核,将实际成本费与标准进行比较,查明形成成本差异的原因,确定责任归属,提出改进措施和修改成本费用控制标准。通过以上三个阶段各项工作的进行,这种控制程序是一个成本的全过程控制,使成本费用控制形成一个控制循环体系,即形成一个不断往复、不断改进的循环控制体系。

三、成本费用控制的原则

酒店成本费用管理,必须做到既符合国家的有关规定,又符合酒店的实际,一般应遵循如下原则:

(一) 严格遵守国家规定的成本开支范围及费用开支标准

酒店必须遵守国家财务制度,应明确规定酒店所发生的各项支出,不得随意扩大开支范围,不得把不应计入成本费用的支出计入成本。按照财务制度的规定,酒店的下列支出不得计入成本费用:

为购置和建造固定资产,购入无形资产和其他资产而发生的资本性支出;对外投资的支出和分配给投资者的利润支出;被没收财物的损失;支付各种赔偿金、违约金、滞纳金、罚没款以及赞助、捐赠支出;国家规定不得列入成本费用的其他支出。

(二) 因地制宜原则

酒店成本控制系统必须个别设计,适合特定酒店、部门、岗位和成本项目的实际情况。

1. 适合不同酒店的特点

酒店的不同发展阶段,其管理重点、组织机构、管理风格、成本控制方法和奖金形式都应当有所区别。例如,新建酒店的管理重点是开拓客源,扩大销售;正常营业后管理重点是提升经营效率,要开始控制费用并建立成本标准;扩大规模后管理重点转为扩充市场;规模庞大的酒店,管理重点是组织的巩固,需要周密的计划和建立投资中心。因此,成本控制系统不存在适用于所有酒店的成本控制模式。

2. 适合特定部门的要求

酒店销售部、前厅部、客房部、餐饮部、工程部等众多部门的成本形成过程不同，建立成本控制标准和方法也有区别。

（三）全员成本管理原则

酒店的任何活动都会发生成本，都应在成本控制的范围之内，它涉及酒店的各个部门、班组和个人。成本控制对员工的要求是：具有控制成本的愿望和成本意识，养成节约成本的习惯，关心成本控制的结果。为此要健全成本管理责任制，将成本计划指标分解落实到有关部门、班组，并且和岗位责任制结合起来，将成本费用计划的完成情况作为评价考核的一个重要内容。为调动各部门、班组、个人降低成本费用的积极性，要将成本管理方面的责任、权利和利益结合起来。成本控制是全体职工的共同任务，只有通过全体职工协调一致的努力才能完成。

（四）正确处理降低成本费用与保证质量的关系原则

这条原则是指因推动成本控制而发生的成本，不应超过因缺少控制而丧失的收益。在降低成本的同时不应影响酒店产品质量和服务质量，在保证质量的前提下，使单位产品成本费用得到降低。要求我们在成本控制过程中，选择关键因素加以控制，把注意力集中于重要事项，主要从内部挖掘潜力，力求节约减少浪费。

四、成本费用控制的常用方法

（一）定额控制和比率控制

1. 定额控制

定额成本是以现行消耗定额为依据的成本，它既反映酒店在现有经营条件应达到的成本水平，又是衡量成本节约或超支的尺度。定额成本制定的依据可以根据上级管理部门规定的开支标准，如各种劳动保护费用，酒店不得自行扩大发放范围和提高开支标准。某些费用，如办公费，虽然上级管理部门没有规定统一开支标准，但酒店可根据工作性质，对每个办公人员规定一定的每月办公金额，作为控制依据。

2. 比率控制

它是选择某一指标作为基数，按照这一指标的一定比例来控制这些费用的限额。如职工福利费、工会经费和职工教育经费要分别按照酒店职工工资总额的一定比例提取；又如，保险费要按照保险资产账面价值和保险费率计算。通过提取率、保险费率等比率，控制各种费用。

（二）预算控制和主要消耗指标控制

1. 预算控制

费用预算是酒店费用支出的限额指标。酒店在不能准确预测业务量的情况下，根据量本利之间有规律的数量关系，按照一系列项目，分析制定预算指标数。只要这些数量关系不变，预算不必每月重复编制。制订预算时要选择一个最能代表本部门生产经营活动水平的费用标准，以报告期实际发生的各项费用总额及单项发生额与相应的预算数据相比较，费用一般不应超过预算。但是，酒店要考虑到现实的情况与预算数据可能不一致，应该事先制定预算费用的可能范围。

2. 主要消耗指标控制

在酒店的费用支出项目中，有的支出金额大，有的支出金额小，那些支出额大的项目对费用预算起着决定作用。在进行成本费用控制中，应把注意力集中于主要的一些消耗指标，对成本细微尾数、数额很小的费用项目和无关大局的成本费用项目可以从略，实行主要消耗项目重点控制。如在费用控制中，客房的针棉织品、餐饮的餐具、商品包装物消耗等即为主要消耗项目，应重点加以控制。

3. 实行费用的归口分级管理

费用的归口管理是根据统一领导、分工负责的原则，对各项费用分别由各个职能部门归口掌握和管理，并将归口管理的费用指标逐步分解，落实到各部门、班组以及个人，分级负责。

费用归口管理的主要内容有：确定费用管理的责任部门即根据各项费用发生的环节、地点和职能部门的分工，按照"谁花钱谁负责，谁经手谁管理"的原则，明确管理责任。确定费用分级管理层次及考核指标即按照酒店内部组织形式，将费用指标分解为各项经济指标，逐项下达到基层的小组及个人。确定各项费用的不同控制方法即归口分级管理的各项费用要根据不同的要求，分别制定控制标准，采用不同的方法加以控制。确定费用节约、浪费的经济关系即费用预算及定额执行的结果应与部门、班组和职工个人的经济利益相联系，使费用控制具有广泛的群众基础。

（三）实施费用支出的内部控制制度

1. 费用预算制度

为加强对费用的管理和控制，使日常各项费用开支控制在酒店费用控制定额之内，酒店必须在每一年度编制费用预算，并形成制度。

2. 定期分析检查制度

酒店在编制费用预算以此作为控制费用支出依据的同时，以达到控制费用支出；还应在执行过程中不断对预算执行情况进行检查，以达到控制费用支出的目的。为使预算检查制度化，酒店应对预算检查的时间、方法、参加人员等做出规定，并把预算结果列入每个月末、季末或月初、季初经营例会的内容。

酒店财务部门在日常核算中必须以费用预算为依据，认真审核费用支出凭证。严把费用预算关，及时揭露和反映超过、违背预算的费用支出。由财务部门召集财务预算分析会，把各项费用的实际执行结果与预算数据进行逐项对比分析，有关部门要对差异做出解释，找出费用支出控制的重点和方向，同时也为下一时期的预算提供依据。

3. 费用支出审批制度

这一制度对费用支出的程序和审批权限做出了明确规定，其主要内容包括：酒店的日常开支的内容均应纳入预算范围；预算内的费用开支，由经手人填单，经主管人员审批，由财务部门审核后即可开支报销；预算外的费用开支，经主管经理批准后，由财务部门审核，提出意见，报总经理或其授权人批准；公共应酬费、广告宣传费等费用的支出直接由总经理或者其授权人负责审批控制。

任务三　酒店财务分析

酒店财务分析的含义是以酒店财务核算资料（主要是财务报表）为主要依据，运用特定的分析方法，对酒店财务状况和经营成果进行的一种计量分析。

财务分析是酒店财务管理的重要组成部分，在财务管理循环中，财务分析既是循环的终点，又是下一个循环的起点。通过财务分析可以及时总结以往经营管理中的经验教训，找出管理工作中的薄弱环节，以便采取必要的措施改进财务管理工作。因此它对于提高酒店的经营效率及成果，正确处理与各种利益相关的财务关系，促进决策的科学性具有重要的意义。

一、财务分析的目的

在市场竞争的环境中，与酒店利益相关的主体有：所有者、经营者、债权人、职工、客户、竞争者等，其财务分析的目的概括起来有以下两个方面：

（一）反映酒店经营状况和财务状况

这是酒店进行财务分析的直接目的。在竞争日益激烈、供求关系急剧变化的市场经济条件下，分析酒店自身的经营状况和财务状况，总结财务管理的工作经验，并依此调整其市场定位和行为目标，对于酒店的经营管理来讲显得尤为重要。因此，财务指标的定位和分析，必须首先满足酒店内部管理决策需要，并通过这种财务信息的分析与披露，树立酒店良好的市场形象。

（二）促进财富最大化目标的实现

财务指标的设置与分析，应在揭示与披露酒店经营状况的基础上，进一步发挥促使财富最大化的作用。通过财务指标的设置与分析，有利于揭示酒店经营理财的成绩与问题，及时采取措施，引导和促进酒店经营理财活动沿着财富最大化的目标运行。通过财务分析，检查规章制度的执行情况，促进酒店正确处理与其他方面的财务关系，维护投资者、债权人、协作单位的合法权益。

二、财务分析的内容

（一）偿债能力分析

偿债能力是指酒店偿还到期债务的能力，包括对短期债务的偿还能力和对长期债务的偿还能力。分析指标包括资产负债率、流动比率、速动比率、已获利息倍数等。通过偿债能力的分析可以判断酒店的财务和经营状况，分析酒店对债务资金的利用程度，为酒店制订筹资计划提供依据，同时也为债权人进行债权投资提供依据。

（二）赢利能力及社会贡献能力分析

赢利能力是酒店获取利润的能力。社会贡献力是酒店为国家和社会提供做出贡献和提供积累的能力。分析指标包括销售利润率、总资产报酬率、资本收益率、资本保值增值率、社会贡献率、社会积累率等。通过分析，可将酒店的资产、负债、所有者权益、营业收入、成本费用、税金及利润分析有机地结合起来，从不同角度判断酒店的盈利能力和社会贡献力的大小，为未来时期赢利预测、业绩评价提供依据。

（三）营运能力分析

营运能力分析是对酒店各项资产的周转情况进行的全面的分析。分析指标包括应收账款周转率、存货周转率等。通过分析，可以判断酒店各项资产的周转速度，衡量资金利用效率和经营管理人员的水平，为酒店制定投资决策和改善经营管理依据。

（四）发展能力和其他财务指标分析

酒店的发展能力是酒店的生命力所在，它是酒店偿债能力、赢利能力、社会贡献力和营运能力的综合体现。通过发展能力分析，可以展望酒店的未来，对酒店的经营决策具有重要意义。

三、财务分析的方法

对酒店的财务报告进行财务分析，必须借助一定的指标与分析方法。财务分析方法包括比较分析法、比率分析法、因素分析法、趋势分析法等。

其中，比较分析法是将同一个财务指标在不同时期或不同情况的执行结果加以对比，从而分析差异的一种方法。比率分析法是财务分析中应用最为广泛的方法，它是指由两个或两个以上的相关指标进行对比，得到一定的财务比率指标，通过一系列的财务比率来分析评价酒店的财务状况与经营成果的一种分析方法。因素分析法是把多个因素组成的综合指标分解为各因素，并确定各个因素变动对综合指标的影响。趋势分析法是指通过比较酒店连续数期财务报表有关项目的金额，以揭示其财务状况和经营成果变动趋势的一种分析方法。

复习思考题

调查当地不同类型、不同档次的酒店，试比较酒店财务管理过程中的优势与某一酒店财务管理存在的问题。

项目九

酒店工程管理

学习目标

了解工程部的作用和主要任务，以及酒店设备管理和能源管理的相关内容。

任务一　了解工程部

酒店工程部是负责酒店设施设备的维修保养工作，确保酒店正常运营的部门。其工作质量不仅直接影响酒店的服务质量和客人的满意度，而且影响酒店的经营成本和经济效益。酒店工程管理的主要任务包括：

一、设施设备的维修保养

现代化酒店都有大量先进、复杂的设施设备，这些设施设备不仅是酒店为客人提供服务的基础，而且是影响酒店服务质量的重要因素。设施设备是否完好，直接影响酒店对客服务质量，影响酒店的声誉和形象，进而影响酒店的经济效益。酒店工程部的职责就是通过日常的维修保养（maintenance）工作，确保酒店的设施设备时刻处于良好的运行状态，保证酒店日常经营活动的正常进行。工程部维修如图9－1所示。

二、努力降低各种能耗

除了做好设施设备的维修保养工作，酒店工程部管理人员还应努力降低各种能源消耗和各种费用。酒店是水、电、气等能源使用大户，工程部的工作对于降低各种能源消耗具有重大影响，

图9－1　工程部维修

因此，工程部虽然不直接创造收入，但其工作对提高酒店经济效益、增加酒店利润有极其重要的作用。酒店总工程师每年都要把大笔投资用于维修保养与能耗。其实际数额究竟多大，取决于酒店建筑年限、设施和客房利用率等因素。但无论采用何种方法进行测算，酒店工程与维修、能源费用每年呈递增趋势。

三、工程部各班组的职能

（一）动力专业组

负责锅炉系统、热力点、冷冻系统、空调系统、给排水系统和煤气站的日常运行和维修保养，各类油库的管理、维护和保养。

（二）强电专业组

负责酒店电力系统、电梯系统的运行，负责能源站的运行和管理，负责酒店照明设备的维修和保养。

（三）弱电专业组

负责酒店电话系统、电视系统、音响系统、消防喷淋和监控系统的运行和维修工作。

（四）维修专业组

负责酒店给排水系统的维修和保养，各类机械设备的维修和保养，酒店内外装修的维护、保养和更新。

任务二　酒店设备管理

酒店设备种类繁多，技术先进。同时，由于设备的购置费、维持费很高，因此酒店设备管理是酒店管理的重要内容。通过对设备的科学管理，可以有效降低酒店的成本，提高酒店产品质量。

酒店应实施设备综合管理，即以酒店的经营目标为依据，运用组织的、经济的、技术的措施，对酒店设备进行管理，包括设备购买的决策、采购、安装验收、使用维护、改造更新等重要环节的管理，以使设备寿命周期的费用最经济、设备的综合效益最大。在实施设备综合管理的过程中，要注重全员参与和全过程管理，将设备管理的理念贯穿于酒店的日常业务。

一、酒店设备系统

酒店设备是指酒店各部门使用的机器、机具、仪器、仪表等各种物质技术装备的总称。设备具有长期、多次使用的特性，不是一次性消耗品，在会计核算中被列为固定资产。

酒店设备根据其功能不同，可分为以下几大系统：供配电系统、给排水系统、供热系统、制冷系统、中央空调系统、消防系统、运送系统、通信系统、音响系统、共享天线电视系统、闭路电视监视系统、计算机管理系统、楼宇自动化管理系统，以及厨房系列设备，洗衣房系列设备，清洁系列设备，娱乐、健身、美容系列设备，维修系列设备，办公系列设备等。上述设备系统多为工程部员工管理并操作，为酒店提供动力、动能及有关信息；设备系列多为设备使用部门的员工操作，或直接为宾客提供服务。

（一）供配电系统

酒店设备的装机容量一般较大，所以绝大部分的酒店都建有配电房，从高压电网取电对其进行降压，以满足酒店内部的用电需要。

酒店经营对供电系统的基本要求是：保证供电的持续性、系统运行的可靠性及供电电压的稳定性。为保证供电的持续性和可靠性，酒店一般需采用两个以上的独立电源供电，即由两个变电所引进两路 10 千伏高压电源，以双回路供电互为备用。高档酒店还应自备发电机组，以备应急供电时使用。

酒店供电系统的设备主要有三大部分：变、配电设备，输电设备和用电设备。变、配电设备包括高压配电柜、变压器、低压配电屏。它们的主要功能是对输入的高压电进行监测、控制、计量、降压，并合理地将电能配到各用电部门。配电设备全部集中在配电间，是整个酒店的动力核心，所有的动力线、照明线全由配电间接出。输电设备主要是输电线路和接线箱，包括母线、电缆和电线以及输电线路的中间接线箱。凡是利用电能作动力的设备，都是用电设备。酒店的用电设备主要有以下四类：机电设备、电热设备、电子设备、照明设备，其中机电设备和照明设备是酒店主要的耗电设备。

（二）给排水系统

酒店经营对水系统的要求是：水量供应充足，水压要求适中，水质满足要求。为了保证水量充足，酒店设置两路供水，并且在酒店内部设置蓄水池，以满足连续供水的需要。供水系统的水质和水压则应满足使用的要求。

酒店给水系统是由输水管网、增压设备、配水附件、计量仪器及储水设备等组成。水泵是系统中提升和输送水的重要设备，酒店所用的水泵大多是离心泵。

酒店给水系统的给水方式是根据酒店建筑的特点、用水要求以及城市给水管网提供的水压来确定的。常见的给水方式主要有以下几种：

1. 直接给水方式

当城市给水管网的水量、水压在任何时候均能满足酒店用水要求时，可采用直接给水方式。此给水方式一般适用于四层以下的低层建筑。

2. 设储水池、水泵和水箱的给水方式

当城市给水管网的水量、水压达不到要求时，可以采用设储水池、水泵和水箱的给水方式。来自城市给水管网的水进入储水池，用水泵增压提升，并利用水箱调节流量。由于储水池和水箱储备一定的水量，在停水、停电时可继续供水，提高了供水系统的可靠性，水压也比较稳定。多层的酒店均可采用这类给水方式。

3. 分区供水的给水方式

当酒店为高层建筑时，一般采用分区供水的方式。高层酒店的垂直分区高度一般为 30 至 40 米。

酒店的排水系统主要由污水收集器、排水管道、通气管及污水处理构筑物组成。酒店厨房排水管道必须设置隔油池，将厨房废水中的油脂分离出来。生活污水则由化粪池进行处理，以减少对水体的污染。

排水系统的功能是将建筑内卫生器具和各用水设备产生的污水以及屋面的雨、雪水，分别通过室内的污水排水管道排到室外相应的污水管道中，再经过适当的处理后排放到城市的污水管道中。

（三）供热系统

酒店有许多设备和服务需要热能，为此，酒店要有相应的供热系统。目前多数酒店用锅炉供热，但越来越多的酒店采用集中供热。集中供热系统比锅炉供热系统简单、高效。

用锅炉供热的酒店一般使用燃油蒸汽锅炉，即利用锅炉产生蒸汽，以蒸汽为二次能源向各用汽点供热。以蒸汽锅炉作为热源的锅炉供热系统可以分成三个部分，锅炉给水系统、锅炉蒸汽系统和用汽设备。锅炉给水系统主要是对水进行处理，包括软化、除氧等，使水质符合锅炉用水要求。进入锅炉的水，经过加热蒸发后产生的蒸汽，通过分汽缸分配到各用户。酒店的主要用热部门有厨房、洗衣房，同时酒店冬天需要采暖。其中，厨房和洗衣房基本属于直接用汽，冬天的采暖用热则要通过热交换器，用蒸汽加热水来实现。

（四）制冷系统

酒店的制冷系统主要为中央空调系统服务，是中央空调系统的冷源，制冷系统的核心设备是制冷机。酒店使用的制冷机主要采用压缩式（电力式）制冷或吸收式制冷。压缩式制冷耗电量大、制冷效率高、易于控制，通常使用的制冷剂是氟利昂；吸收式制冷耗电量小、运行平稳、对热能质量要求低，通常使用水作为制冷剂。

制冷机中的冷凝器一般都是水冷式冷凝器，要用大量的水来冷却，形成冷却水系统。冷却水在冷却塔中通过空气的对流达到降温的效果。

（五）中央空调系统

中央空调系统是一个将空气进行处理的通风系统，它将室外的空气吸入，通过过滤、加温、加湿（或降温、减湿）处理后送入室内，并保持室内空气的洁净和一定的温度，同时将室内浑浊的空气不断排出。因此，中央空调系统实质上是一个包含供热、制冷和通风设备的综合工程系统。

（六）消防系统

消防系统是酒店的一个非常重要的安全防护系统，它能及时发现火灾，并在火灾发生时自助灭火，保障人员的安全。

消防系统包括火灾报警系统、消防控制系统、消防灭火系统、防排烟系统等几大部分。消防系统的运行是由消防中心控制的。

1. 火灾报警系统

火灾报警系统由火灾探测器和火灾报警控制器构成。火灾探测器主要用来发现火灾隐患，酒店常用的火灾探测器有烟感式探测器、温感式探测器和光感式探测器。火灾报警控制器是报警系统的控制显示器，其主要功能是接收火警信息后发出声、光报警信号，并显示火灾区域。

2. 消防控制系统

消防控制系统根据火灾报警情况，通过消防中心的联动装置，对酒店从发现火灾到灭火结束的一系列消防救援措施进行处理和控制。

3. 消防灭火系统

消防灭火系统主要有消防栓灭火设备和自动喷淋系统。消防栓灭火设备是通过消防栓、水龙带和水枪，利用高压水灭火。自动喷淋系统则是利用温度的自动感应，自动打开喷头进行灭火。

4. 防排烟系统

防排烟系统包括排烟系统和正压通风系统。在火灾发生后，防排烟系统将烟雾排到室外，减少因烟雾造成人员窒息而死的情况。

（七）运送系统

酒店运送系统包括垂直运送设备和水平运送设备。垂直运送设备主要有电梯和自动扶梯，水平运送设备是指自动人行道。电梯是酒店最重要的垂直交通工具，电梯的基本性能要求是快捷、舒适、安全。

电梯是机械、电气和电子技术高度结合的复杂机器，由曳引机、钢丝绳、轿厢、堆重和一系列的安全装置构成。由于电梯安装在室内且运行距离较长，因此电梯的组成部分还包括机房、井道和厅站等建筑结构。

（八）通信系统

酒店通信系统包括电话系统和对讲机系统，其中电话系统是主要的通信系统。电话系统主要由交换机、电话和线路组成。酒店内部的通话由交换机完成，酒店与外界的通话则通过交换机经中继线与当地电话局交换机连接。酒店的程控电话交换系统能提供许多专项服务功能，如自动计费、叫醒服务、留言显示、分机锁定等。

（九）音响系统

酒店音响按其功能的不同，可分为扩声音响系统（又称公共音响系统）和舞台音响系统（又称专用音响系统）。扩声音响系统由背景音乐、客房音响和紧急广播组成。舞台音响系统则包括歌舞厅音响、卡拉OK音响和会议厅扩音系统。音响系统主要由节目源设备、信号处理设备、传输设备和扩声设备组成。

（十）共享天线电视系统

为了提高电视收看质量，酒店设置共享天线电视系统，该系统除了能使电视机图像清晰外，还能扩大系统的节目来源。共享天线电视系统主要由接收天线、信号放大器、混合器、分配器、分支器和高频同轴电缆等组成。

（十一）闭路电视监视系统

为了全面掌握各重要公共场所的动态，酒店一般都配置了闭路电视监视系统（又称

"CCTV"），由摄像机、控制器、监视器和录像机组成。它通过安装在各处的摄像机，将各现场动态汇总到监控中心的电视屏幕上，大大提高了酒店处理问题的效率。同时，通过摄像机还可以发现不法分子和可疑分子，及早做好防范措施，以确保酒店及宾客的安全。

（十二）计算机管理系统

计算机管理系统可以管理酒店所有业务往来所产生的人、财、物信息和各种其他信息，能对酒店经营管理活动进行客观、及时、可靠的描述和真实的反映。酒店计算机管理系统包括前台管理系统和后台管理系统。前台管理系统主要由预订、接待、查询、客房管理、电话自动计费、餐饮、出纳、夜核等组成，后台管理系统主要对财务、工资、物资等进行管理。

（十三）楼宇自动化管理系统

楼宇自动化管理系统是一个对设备运行、环境状态进行管理的计算机系统。楼宇自动化管理系统的管理内容有：变配电及备用发电机组的监督与控制、电力和照明系统的监督与控制、给水系统的监督与控制、锅炉运行及热水供应系统的监督与控制、制冷机运行及空调系统的监督与控制、电梯及自动扶梯运行的监督与控制、消防报警系统报警信号的接收与监督、消防系统的监督与控制、节能系统的监督与控制等。楼宇自动化管理系统的设备主要包括计算机、资料收集站、测试元件和控制元件。

二、设备管理的规章制度

酒店设备管理的规章制度是酒店全体员工在对设备进行决策、采购、验收、安装、使用、维护、修理改造、更新等工作中必须共同遵守的规范和准则。酒店设备管理的规章制度包括设备管理制度和设备运行管理制度两大部分。

（一）设备管理制度

设备管理制度是依据设备综合管理的思想，对设备在技术上、经济上和组织上进行系统管理时所做的规定，以保持设备的完好，不断提高酒店技术装备性能，达到设备寿命周期费用最小化的目的。设备管理制度主要包括以下内容：设备安装、调试、验收制度；设备使用和维护保养制度；设备维修管理制度；设备润滑管理制度；设备事故管理制度；设备改造与更新制度；备品、备件管理制度；酒店能源管理制度；设备运行中污染预防制度；教育与培训制度；检查与评比制度。

（二）设备运行管理制度

设备运行管理制度包括工程部设备运行管理制度和使用部门设备运行管理制度。

1. 工程部设备运行管理制度

工程部承担着酒店设备管理的主要工作，对酒店提高设备管理水平起着关键作用。工程部可按班组，根据各自的专业技术要求制定相应的制度。

酒店工程部负责动能动力设备系统的运行和操作，一般都设置配电房、锅炉房、空调机房、水泵房和电梯机房等。这些机房都应制定各自的设备运行规章制度。机房设备运行规章制度应包含两方面的内容：管理制度和技术操作规程。各机房的管理制度包括：机房职能、岗位职责、值班制度、检查制度、安全消防制度、清洁卫生制度。各机房的技术操作规程包括：操作规程、维护保养规程、检修规程、安全运行制度、经济运行制度。设备维修组配备了各个工种的维修技术人员，承担着全酒店的设备维修工作。设备维修组的规章制度包括岗位职能和维修规程两部分。

2. 使用部门设备运行管理制度

每个部门的设备管理制度涉及该部门设备管理的管辖范围、各岗位的职责以及设备操作等方面。一般包括以下内容：管辖范围和管理机构，岗位职责，各班组设备管理制度，设备使用、维护规范。

任务三　酒店能源管理

酒店是耗能大户，能耗费用占营业收入的10%左右。很多酒店的能源管理都是一个薄弱环节，能源使用无计量，能源消耗无定额，用能考核无标准，致使能源利用率不高、浪费严重，很大程度上影响了酒店的经济效益。

一、能源管理的内容

（1）建立健全酒店能源管理体系，明确各级管理者的职责范围。

（2）贯彻执行国家有关节能的方针、政策、法规、标准及规定，制定并组织实施本酒店节能技术措施，完善各项节能管理制度，降低能耗，完成节能任务。

（3）建立健全能耗原始记录、统计台账与报表制度，定期为各部门制定先进、合理的能源消耗定额，并认真进行考核。

（4）完善能源计量系统，加强能源计量管理，认真进行能源分析研究，针对突出的问题提出解决方案。

（5）按照合理的原则，均衡、稳定、合理地调度设备运行，避免用能多时供不应求、用能少时过剩浪费的现象，提高能源利用率。

二、能源管理的方法

（一）建立管理机构

酒店能源的生产、使用涉及各个部门，加强能源的统一管理，是实现能源统筹安排和合理使用、管好用好各种能源的重要保证。因此，对一个酒店来说，只有设置专门从事能源管理工作的组织机构，才能把酒店能源有效地统管起来。

如果酒店规模在年耗电500万度以上，或耗油1 500吨以上，就应指定一位副总经理负责抓能源管理，工程部必须落实专人负责能源管理。能源管理机构的主要职责是：

（1）贯彻执行国家的能源法令，管理和监督酒店合理使用能源。

（2）建立酒店能源管理制度，完善酒店能耗计量网络。

（3）制定并组织实施酒店的节能年度计划和长远计划。

（4）制定酒店的能耗定额和内部各部门的能耗定额，并实施考核。

（5）组织学习节能经验，开展节能教育和培训工作。

（6）组织各部门能源管理工作的检查、评比和奖励。

（二）建立健全能源管理制度

为了使能源管理科学化、制度化，必须建立和健全一套管能、用能、节能的规章制度，明确酒店能源管理组织及管理人员的分工和岗位责任制，酒店各有关部门在能源管理工作中的相互关系，以及对能源的生产、使用、节约等各个环节的要求。酒店能源管理制度的主要内容有：

1. 设备的经济运行管理制度

经济运行管理是对主要耗能设备如何提高运行效率的管理，要把运行管理制度中的各项规定纳入岗位责任制，使每个设备系统的每项操作都有专人负责，按实际需要启动或停机。

2. 能源使用管理制度

能源使用管理制度包括对水、电、煤、柴油、煤气等的运送和使用的管理，明确节能指标和检查、考核办法。

3. 各部门能源管理制度

各部门应根据本部门能耗的实际情况，制定能源管理制度。

（三）做好能源管理的基础工作

1. 建立完整的能源计量体系

计量工作是能源科学管理的基础。只有安装计量仪表，健全计量制度，加强测定、记录工作，才能使能源管理工作量化。酒店首先要为主要耗能设备配齐能源计量和测试仪器仪表，再为各主要用电、用水部门安装计量仪表，并落实仪表管理和维修人员，建立健全仪表管理制度，建立完整的能源计量体系。

2. 做好能源消耗统计工作

建立健全能源消耗原始记录、统计台账与报表制度。要把酒店中能源的来龙去脉、收支盈亏、节约浪费和波动情况搞清楚。能源统计资料是制定能源消耗定额和用能计划的基础。通过计量取得数据，做好原始记录，在此基础上进行统计、分析，从中找出变化规律，发现问题，从而提出改进措施。

（四）加强对设备经济运行的管理

设备的经济运行就是既要满足酒店经营的需要，又要防止设备做无效益的运行。对于酒店来说，与设备运行有关的，一是住店人数与活动情况，二是气候情况。要搞好设备经济运行的管理，就要将各有关因素的变化作为调度设备运行的依据，并建立设备运行调度的程序。

复习思考题

1. 简述酒店工程管理的主要任务。
2. 酒店设备系统通常包括哪些内容？
3. 如何做好酒店设备的前期管理？
4. 设备维修有哪些阶段？

酒店安全管理

学习目标

了解酒店主要安全问题及其防范,掌握火灾的预防与扑救的方法。

任务一 了解保安部

客人需要酒店提供热情周到的服务及舒适优雅、干净卫生的客房。这一切都是以安全为前提的,安全需要是客人的第一需要。

保安部,又称防损部,防损即防止损失,因此防损部在酒店中的职责就是负责安全管理,防止一切损失的发生。酒店安全管理是为了保障客人、员工以及酒店安全而进行的一系列计划、组织、指挥、协调、控制等管理活动。它包括三方面:酒店客人与酒店员工的人身和财产安全以及酒店的财产和财务安全;酒店内部的服务及经营活动秩序、公共场所以及工作生产秩序保持良好的安全状态;酒店内部存在对酒店客人、员工的人身和财产以及酒店财产造成侵害的各种潜在因素。

酒店安全范围广泛,根据不同的角度,可以分成不同的种类。按照内容和性质不同,酒店安全可以分为生产安全、交通安全、食品卫生安全以及社会治安安全等。按照管辖范围不同,可以分为前厅部安全、客房部安全、餐饮部安全、营销部安全、工程部安全、人力资源部安全、采购部安全、财务部安全等。酒店安全管理具有复杂性、广泛性、全过程性、突发性等特点。酒店安全管理工作的基本手段包括思想教育手段、法律手段、技术防范手段、经济手段和行政手段等。

任务二 安全常见问题及防范

一、各类事故

酒店发生的各类事故通常包括:因设施设备安装或使用不当而引起,如浴室热水供应不正常烫伤客人;设施设备年久失修或发生故障而引起的各种伤害事故,如天花板等掉落、建筑的倒塌，砸伤客人；地板太滑、楼梯地毯安置不当以及由于走廊、通道照明不良而使客人摔伤。对于以上事故，酒店应给予足够的重视，并采取措施，经常检查维修酒店的设施设备，消除隐患。如地板太滑，可铺设地毯；如照明不良，可更换灯泡；如因地毯铺设不当绊倒或摔伤客人，应考虑重新放置、加以调整。此外，酒店员工在工作中要严格按照操作规程进行操作，防止出现各种工伤事故。

二、传染病

传染病会危害客人和员工的健康，其产生和传播大多与酒店的卫生（主要是食品卫生和环境卫生）有关。有的酒店食品不卫生，经常发生顾客食物中毒现象，给酒店的财产和声誉都带来不可估量的损失。有的酒店只重视客人餐厅卫生，而不重视员工食堂的卫生，岂不知员工患病后不但会影响日常的接待服务工作，而且会将病菌通过客房服务传染给客人，这种态度显然是不可取的。

如果说食品卫生是餐饮部的责任，那么，环境卫生则主要由客房部负责。一般来说，客房部应该从以下几方面着手搞好环境卫生，防止传染病的发生和传播：

（1）按预定的清扫频率，组织正常的清扫工作。如果酒店所在地气温较高，应对潮湿的角落经常检查，并定期或不定期地喷洒杀虫剂。另外，要避免灰尘的堆积，角落、家具的底部容易集聚灰尘，因而要经常清除。

（2）布草的清洁。无论是客人使用的布草还是员工使用的布草，都应保持清洁卫生，对于那些可能感染上病菌的布草应高温消毒。

（3）卫生间设施的特别清扫。浴缸、淋浴器、便器以及洗脸池是客人身体直接接触的设施，病菌容易通过这些设施传染，因此要特别重视。在患有传染病的客人离店后，要对其所住客房的卫生间设施使用消毒剂进行彻底的清洁。

（4）消灭害虫。蟑螂、蚊子、苍蝇以及老鼠等不但影响环境卫生，而且也是各种病毒的传播者，因此一定要加以控制。此外，为了防止传染病的蔓延，保障住店客人的安全与健康，酒店方面也有权拒绝患有传染病的顾客留宿。

三、偷盗及其他刑事案件

（一）偷盗的类型

偷盗现象在酒店里时有发生，偷盗的对象既有住店客人，又有店方本身。一些酒店成箱的名酒、成套的餐具、成包的卫生用品等经常不翼而飞。从窃贼的构成上看，发生在酒店的偷盗现象一般有以下几种类型：

1. 外部偷盗

即社会上的不法分子混进酒店进行盗窃，这些人往往装扮成顾客蒙骗店方，盗取住店客人及酒店的财物。要防止这种类型的盗窃行为发生，酒店只有加强管理，提高警惕性。

2. 内部偷盗

指酒店员工利用工作之便盗取客人及酒店的财物，这种类型的偷盗在偷盗事件中占很大比例，酒品、餐具以及卫生用品的盗窃大都是酒店内部员工所为，由于他们对于酒店内部的管理情况、活动规律以及地理位置了如指掌，因此作案也最容易。一般来说，酒店如发生失窃现象应先从内部入手进行侦破查找。

3. 内外勾结

这种类型盗窃一般是由酒店内部的员工向社会上的同伙提供"情报"及各种方便,由其同伙作案、销赃,这种作案方式手段"高明",容易成功,给酒店造成较大的威胁。

(二) 偷盗及其他刑事案件的防范

除了偷盗行为以外,酒店有时还会发生以谋财害命为主要特征的抢劫、凶杀案件,另外,在一些国家和地区,酒店作为当地有影响的建筑或公共活动场所,也是恐怖分子制造恐怖活动的目标。有效地防止盗窃及其他刑事案件和恐怖活动的发生,是酒店安全管理的重要任务。酒店盗窃以及其他刑事案件和恐怖活动的防范可从以下几方面入手:

1. 加强员工职业道德教育

针对内部偷盗现象,酒店首先应做好员工的思想工作,对员工进行职业道德教育。其次,还应采取各种有效的办法、手段(如合理排班、加强员工出入的管制检查以及设置检举箱等)杜绝管理漏洞,严格执行管理制度,不给作案者以可乘之机。最后,一旦发现有人偷窃,应予以严厉打击,严肃处理,轻则留店察看,重则开除,直至诉诸法律。为了使酒店具有良好的店风、店纪,酒店在招聘员工时也要注意把那些人品欠佳、有犯罪前科者拒之门外。

2. 做好客房钥匙管理

酒店的钥匙通常有以下几种:

(1) 住客用钥匙(guest key)。只能开启该号房门,供客人使用。

(2) 通用钥匙(passkey)。供客房服务员打扫房间使用,可开启十几个房门。

(3) 楼层总钥匙(floor master key)。供楼层领班使用,可开启该楼层所有房间。

(4) 总钥匙(housekeeper master key)。可开启各楼层及公共区所有房门,专供客房部及工程部经理使用。

(5) 紧急万能钥匙(house emergency key or great grand master key)。只供总经理使用,也称酒店总钥匙。

(6) 楼层储藏室钥匙(floor pantry key),供楼层服务员使用。

(7) 公共区总钥匙(cleaning master key),供公共区领班使用。

酒店的钥匙关系到客人生命财产以及酒店自身安全。钥匙管理是楼层安全管理的一个重要环节。一般应采取以下几个措施:做好钥匙的交接记录;因公需要用钥匙时必须随身携带,不得随处摆放;禁止随便为陌生人开启房门,其他部门员工如需要进入房间工作(例如行李员收取行李、餐饮服务员收取餐具、工程部员工维修房间设施设备等),均须客房服务员开启房间。

3. 做好对"双锁房"的管理

(1) 在下列情况下需双锁房门:长住客暂时外出,要求将房门双锁;宾客遗失房间钥匙事宜尚在处理之中,为确保宾客物品安全,酒店将房门双锁;宾客账单额度超过酒店规定且不与酒店合作时,酒店将房门双锁;宾客房内物品、家具、地毯、设备等被破坏,与宾客联系不上时,酒店将房门双锁。

(2) 对"双锁房"的管理:接到宾客要求双锁房门或开双锁房门的报告时,要到现场了解原因，根据实际情况提供相应服务；如果宾客要求打开酒店双锁房门，在与宾客接触前，要查清双锁原因，然后与宾客接触，根据酒店政策妥善处理；而因酒店处理客务，需要双锁宾客房门时，值班经理要给宾客留下书面通知，与宾客预约时间；凡双锁房门开锁，都要在登记本上做记录备查；将处理过程详细记录在值班经理工作日记上备查。

4. 关注来访和住店可疑人员

在日常工作中，应注意从来访客人和住店客人身上发现疑点，留意其证件、言谈举止、打扮等方面的细节。

5. 抓好"三个重点、三个控制、六个落实"

除了在日常服务中对住店客人注意观察以外，酒店安保管理和内部防范还要抓好三个重点，即重点部位、重点时间、重点对象；三个控制，即楼面的控制、电梯的控制、通道的控制；六个落实，即开房验证、住宿登记、来访登记、跟房——客人退房离去或来访者走后要入房进行安全检查、掌握客情、保管行李。此外，还要加强对门卫及大堂保卫工作的管理，保卫人员应密切注意大堂内客人的动态，发现可疑的人或事应主动上前盘问、处理，及时消除各种隐患。

最后，酒店一旦发生不安全事件，酒店员工要在报告领导及保卫部门的同时，注意保护好现场，不准无关人员无故进入现场，更不许触动现场的任何物品，这对调查分析、追踪破案极为重要。此外，发案后在真相未明的情况下，不能向不相干的宾客等外人传播，如有宾客打听，应有礼貌地说："对不起，我不清楚。"

6. 提高服务员的安全意识和防范意识

酒店安全管理中的常见问题是服务员经常会用服务意识代替安全意识，从而给高智能犯罪分子以可乘之机。

（三）偷盗事件处理程序

发生任何偷盗现象均需首先报告酒店保卫部，等保安人员赶到现场。若发生在房间，则同时通知客房部的管理人员一同前往。此外，请保卫部通知监控室注意店内有关区域是否有可疑人员，查询被盗物品的客人是否有来访者的有关资料，并做记录。询问专业问题最好由保卫人员负责。要视客人要求由客人决定是否向公安机关报案。发生偷盗事件后，最好由保卫部与大堂经理同时出面与客人交涉。

基于酒店作业规则，若客人有物品遗失，酒店不应轻言赔偿，在酒店的住房手册及客人签字确认的登记卡上，都有明确说明："请将您的贵重物品保存在房间或前台的保险箱内，否则遗失后酒店恕不赔偿。"通常情况下，酒店不开具遗失证明，若客人信用卡遗失，可由大堂经理代为联络银行。

任务三　酒店消防管理

除了之前提到的几种安全问题，客房部还有其他安全问题，如火灾。实际上，火灾是客房部的首要安全问题。客房部员工应该具备火灾防范意识，掌握火灾的预防、通报和扑救知识。

一、火灾发生的原因

火灾发生的直接原因很多，美国有关方面对 487 起酒店火灾的原因进行了分析：吸烟点火不慎（占 33%）；电器事故（占 21%）；取暖、炊事用具使用不当（占 10%）；火炉上的食物和烟道的油（占 6%）；碎屑类着火（占 3%）；自燃（占 2%）；煤气泄漏（占 1%）；纵火（占 17%）；其他（占 7%）。由此可见，酒店火灾主要发生在客房。其中，吸烟和电器事故不仅是引起客房部火灾的主要原因，而且是整个酒店火灾事故的主要诱因。国外火灾多发生在深夜到黎明这一段时间，因为国外旅客大多习惯夜生活，在酒醉和疲劳时，卧床吸烟容易引燃被褥、床单等，乱扔烟头容易使地毯、纸篓等起火。近年来，很多酒店在客房内放置电热水器，热水器使用不当也成为客房火灾的诱因之一。此外，酒店在建造和大修时也经常发生火灾，这主要是由于使用电气焊而引起的。发生火灾的直接原因虽然很多，但更重要的是酒店经营者对消防工作重视不够，消防意识不强。

二、火灾的预防

火灾的预防（fire fighting）可从以下几方面入手：

（一）在酒店的设计建设中，安装必要的防火设施与设备

为了防止火灾的发生，酒店在建设时就应合理选用建筑材料，设计安装必要的防火设施、设备，如自动喷水灭火装置及排烟设备等。太平门、安全通道等在一般酒店都是必不可少的，需要强调的是，在紧要关头，设置在楼房外面的露天楼梯会起特别的作用，可以想象，酒店的封闭式楼梯在这种情况下是起不了多大作用的，尤其是在酒店自己发电的强制排烟设备失效的情况下。除了安全通道以外，大酒店还应在客房部安装急用电梯，并在客房内安装烟感报警器。因为客房中被褥等物起火时，一开始多产生大量浓烟，旅客往往在熟睡中就中毒昏迷。这时，烟感报警器就会发挥作用。针对电器设备起火这一现象，酒店在各种电路系统中应设保险装置，并安装防灾报警装置。

（二）搞好员工培训，增强防火意识

酒店开业后，需要对新上岗的员工进行安全培训，增强他们的防火意识，教会他们如何使用消防设施与设备，并让他们懂得在火灾发生的非常时刻，自己的职责是什么。可组织消防知识竞赛，必要时还可利用淡季组织消防演习。为了做好这项工作，酒店经营者必须统一思想，提高认识，对防火工作给予足够的重视。

（三）加强日常经营的有效管理

新落成的大型酒店一律设立防灾中心，每天执行警戒任务。制定并贯彻执行消防安全制度、防火岗位责任制度。专职消防组织和群众性的消防组织相结合，对重点部位和隐患要定期检查。经常检查、维修线路，防止因漏电而引起火灾。经常检查各种报警装置是否正常。定期检查消防设施是否良好，及时更换失效的消防用具、烟雾感应器等设施。在床头柜放置"请勿在床上吸烟"卡片，提醒客人务必将未熄灭的火柴或烟头扔进烟灰缸。对于因酗酒大醉的客人以及烟瘾大的客人，要经常检查其所住房间。注意观察客人所携带的行李物品，如

发现有易燃易爆危险品，要立即向上级或总服务台报告。服务员打扫房间时，注意不要把未熄灭的烟头扔进纸篓。统计资料表明，酒店火灾多发生在夜间，因此，夜间值班员应切实负起责任，加强夜间巡逻。对维修人员因工带进的喷灯、焊接灯、汽油以及作业产生的火花等，要高度重视，并提醒其注意安全。发现客人在房内使用电热器时，要及时向总服务台报告。太平门不能加锁，如发现太平门、备用电梯等处堆有障碍物，应及时清除。

为了把火灾可能造成的伤亡减至最小，客房部还应以适当的方式向客人宣传安全常识，并向他们指出在非常情况下紧急疏散的路线等。一般酒店都有印制好的紧急疏散图，有的贴在客房门内侧，有的放在写字台上的文件夹内。

三、火灾的通报

（一）酒店内部通报

发生火灾时，酒店有关部门（如防灾中心）应立即向消防部门报警，同时要向客人发出通报，要求客人迅速撤离客房，但考虑到在这种情况下人们的特殊的心理状态，通报时应采用一定的技巧和方法，以免因恐慌而造成更多的人员伤亡。一般来说，火灾发生时，最好能够按以下步骤进行通报：

1. 一次通报

通过安装在客房床头柜上的广播向客人通报紧急事态及疏散的方法，这时，防灾中心最好使用预先录制好的磁带，用不同的语言播放通报的内容，以免因播音员以激动的语气向客人通报火灾而引起恐慌。考虑到很多客人并未打开床头音响，或因熟睡而未听到广播，在通过广播进行通报的同时，应由酒店保卫人员及服务员逐一通知各客房。为了使疏散工作顺利进行，通报应按以下顺序进行：首先向起火层报警；再向其上一二层报警；然后通报上面其他楼层；最后通报起火层以下各层。

2. 二次通报

应鸣警铃，进行全楼报警。

（二）报警

如火情严重，应立即拨打119报警。报警时要讲清以下事项：酒店的名称、地址，着火主体，哪一层楼着火，报警人的姓名和电话号码。报警后应派人到门口或路口等候并引导消防车。

四、火灾发生时员工的职责

火灾发生后，酒店员工的职责包括向酒店防灾中心报警（如火势大，应同时向消防部门报警）；按顺序向客人发出通报；提醒客人有关注意事项等。要求客人保持镇定，防止火未烧身人已跳楼身亡，或由于恐慌、拥挤而造成其他意外伤亡事故。提醒客人穿好衣服或睡袍，勿将身体直接暴露在火焰之中，以免烧伤。提醒客人随身携带房门钥匙，以便在无法从安全通道出去时返回房间，等待救援或采取其他措施。最好能将一件针织衫用水浸湿，蒙在头上，当作"防毒面具"使用。如整个通道已浓烟弥漫，可提醒客人匍匐前进。在火灾中，浓烟比烈火更危险，而浓烟比空气轻，一般先上升后下降，贴近地面的是可以呼吸的空气，因而爬行有利于逃生。提醒客人不要乘坐电梯，以免突然停电、电梯失控而被困在电梯内。此外，还需向客人指示安全通道，疏散客人，引导客人迅速撤离现场。协助消防人员灭火，力争将酒店财产损失减少到最低限度。

五、灭火的方法

（一）火灾的种类

依照国家标准，火灾分为四大类：
（1）普通物品火灾（A类）。由木材、纸张、棉布、塑胶等固体引起的火灾。
（2）易燃液体火灾（B类）。由汽油、酒精等引起的火灾。
（3）可燃气体火灾（C类）。由液化石油气、煤气、乙炔等引起的火灾。
（4）金属火灾（D类）。由钾、钠、镁、锂等物质引起的火灾。
对于以上不同类型的火灾，应采用不同的灭火方法和灭火器材进行灭火。客房部的火灾通常属于A类。

（二）常用的灭火方法

（1）冷却法。即通过使用灭火剂吸收燃烧物的热量，使其降到燃点以下，达到灭火的目的。常用的此类灭火剂是水和二氧化碳。
（2）窒息法。即通过阻止空气与可燃物接触，使燃烧因缺氧而停止。常用的此类灭火剂有泡沫和二氧化碳等，可使用石棉布、浸水棉被来覆盖燃烧物。
（3）化学法。即通过使灭火剂参与燃烧过程而起到灭火的作用。此类灭火剂有干粉等。目前，市场上已推出了很多替代型灭火剂，包括惰性气体灭火剂等。
（4）隔离法。即将火源附近的可燃物隔离或移开，以中断燃烧。
总之，灭火方法很多，但具体采用哪种方法，要视现场实际情况和条件而定。

（三）灭火器种类及使用方法

常用灭火器有酸碱灭火器、泡沫灭火器、二氧化碳灭火器、干粉灭火器等，各自的适用范围和使用方法不同。

（四）火灾现场的急救

灭火时，如身上衣服着火，要立即躺倒打滚，使火熄灭，不可惊慌奔跑，如有人受烟熏窒息，或出现头昏、恶心、呕吐、失去知觉等症状，应立即将其抬到空气新鲜的地方，解开上衣，在胸前脸上稍喷冷水，如仍不清醒，应做人工呼吸，或急送医院抢救。

【课堂充电】

二线部门管理学习小贴士

1. 酒店的财务部、防损部、工程部等二线部门虽然不直接对客服务，但是也非常重要，不管是掌握财权的财务部，还是保障酒店所有设备设施正常运行的工程部，或者是看似简单实则关系到客人员工生命财产安全的防损部，非常关键和必要。

2. 酒店许多二线部门专业性都比较强，甚至不适合酒店管理或旅游管理专业学生长期从事。但是作为酒店一员，每个员工还是有必要了解和学习相关的工作职责和常识。学习中如果遇到困难，可以结合酒店认知参观，提高学习效果。常见的酒店参观更关注于前厅部、餐饮部等运营部门，忽视了二线部门，应加以改进。

复习思考题

1. 酒店的主要安全问题有哪些，如何防范？
2. 酒店发生火灾的原因有哪些，如何防范？

模块三 酒店行业发展趋势

在全球范围内,高星级酒店基本上都是由世界著名的酒店管理公司经营管理,它们的发展历史、主要品牌、管理理念和管理特色各不相同。

项目十一

国内外知名酒店集团

学习目标

了解当今世界国际著名酒店管理集团及其主要品牌和管理特色,能够帮助酒店业主选择合适的酒店管理公司及酒店品牌,以管理其投资的酒店项目。

任务一 了解美国万豪国际酒店集团

一、集团简介

集团总部:美国。

成立时间:1927年。

万豪国际集团(Marriott International)是全球首屈一指的国际酒店管理公司和入选《财富》全球500强的企业,万豪在美国和其他69个国家及地区拥有2 800多个业务单位。万豪国际集团的总部设于美国首都华盛顿,雇用约128 000名员工。这是一家家族企业,创始人约翰·威拉德·马里奥特曾多次担任美国总统就职庆典活动的主要负责人。

1927年6月,马里奥特夫人艾丽丝·马里奥特从犹他州大学毕业后来到华盛顿,同马里奥特一起经营菜根汽水店。次年开始增加热快餐,建起了马里奥特第一家"路边快餐馆"。20世纪30年代后期,美国民用航空事业逐渐发展起来,然而航空食品的供应几乎是空白。马里奥特发现了这个机会,1937年,他加入美国和东部航空公司,与此同时成立了万豪航空食品服务公司,开始为美国50家航空公司和19家国际机场提供航空食品,成为华盛顿第一家把食品送上飞机的餐馆。1953年马里奥特的公司已经粗具规模,开始向公众出售股票。1957年,第一家万豪旅馆——双桥汽车旅馆开业。1969年,万豪旅馆公司成立。到了20世纪70年代,万豪发展成为一个大型的跨行业的集团公司。它的旅馆也由城郊的汽车旅馆向大型的城区旅馆发展,并开始出售特许经营权。

二、经营理念

(一) 多种经营

开展多种经营是万豪的经营方针之一,早在20世纪70年代,它的经营市场就分成三块,即航空食品、汽车旅馆和旅游及商业旅馆,以及家庭快餐。

(二) 注重创新

马里奥特致力于提高服务质量与服务效率。他最早在餐馆建设汽车驶入通道,顾客不下车就能点菜并把饭菜带走,这样大大提高了餐馆的服务效率。他把精力放在寻找新地址、创造新方法、加强监督与提高效率上,并且强调以合理的价格服务尽可能多的人。

(三) 强调地理位置的重要性

马里奥特认为地理位置是酒店与餐馆成功的关键,往往把自己的酒店与餐馆建在大桥边,他认为道路容易改线,桥一般不易迁走。他总是根据交通格局的变化来改变酒店与餐馆的地理位置。

(四) 经营哲学为以人为本

马里奥特清楚地认识到:酒店业的竞争归根结底是人才的竞争,尽管表现的形式是多方面的,如服务质量的竞争、管理水平的竞争、客源市场的竞争、价格的竞争等,但最终是酒店人员素质的竞争。因此,万豪国际集团与世界上一流的酒店管理学院美国康奈尔大学酒店管理学院建立了协作关系,每年为毕业生提供毕业实习的机会。借此机会,位于华盛顿的几家万豪酒店的总经理都要宴请这些实习生,并同他们一一见面,挑选优秀毕业生在万豪酒店工作。

为纪念万豪国际集团创始人伉俪而成立的慈善基金从2013年起,启动了一个名为"万礼豪程"的大型计划,致力于为中国各所大学及职业学校加强酒店类课程和教育项目,帮助广大中国青年(尤其是贫困人群)获得酒店行业教育机会,每年资助的学生达2万名。

为充分发挥员工的积极性,留住优秀人才,万豪采取了一些有效措施,包括:建立公平的竞争机制;尊重员工个人价值;重视感情投资;提供优厚的员工待遇。

马里奥特是第一个提出利润共享计划的人。为了吸引最好的员工,他采用新的工作设计和交叉培训,并在20世纪90年代每年将约2 000多万美元的利润发给员工。

三、管理特色

(一) 强调制度和标准化管理

万豪所属的酒店、旅馆及航空食品公司都采取典型的美国式管理方法,即一切服务、一切食品制作都强调程序化、质量标准化、工作制度化。马里奥特要求他的职工,每个人衣袋里要放一本工作手册,随时对照检查自己的工作职责、工作范围以及完成任务的情况,如是否已经达到了质量标准,是否已经具备了承担该工作的知识技能和实践技能。这种制度和质量标准管理既控制了成本费用消耗,又保证了食品和服务质量,为万豪酒店在质量上享有盛誉奠定了基础。

(二)实行集权领导

马里奥特从创业起一直坚持集权领导,要求从食品的采购、贮存、粗加工到供餐服务都实行集中领导,统一管理。他还要求,集团旗下酒店、汽车旅馆、航空食品公司必须按照统一的经营方针、食品质量标准、服务质量标准去经营管理。

四、主要品牌

万豪的品牌延伸到酒店业、快餐业和航空食品及商场等多个领域,不仅保证了市场占有率,而且保证了利润水平。现在万豪经营并授权经营世界10多个知名酒店品牌,如丽思－卡尔顿酒店、万豪酒店及度假村、万丽酒店及度假村、万怡酒店、万豪住宿旅馆、万豪经济型酒店、万豪唐普雷思套房酒店、万豪春丘套房酒店、万豪国际度假俱乐部、万豪行政酒店、万豪行政公寓、万豪会议中心酒店、万豪住宿大酒店、宝格丽酒店及度假村、艾迪绅、奥特格拉夫精选酒店、JW万豪酒店等。

任务二 了解英国希尔顿酒店集团

一、集团简介

集团总部:英国。

成立时间:1919年。

希尔顿集团分为希尔顿酒店集团公司和希尔顿国际酒店集团。希尔顿国际酒店集团拥有除北美洲外全球范围内希尔顿商标的使用权,美国境内的希尔顿酒店则由希尔顿酒店集团公司拥有并管理。希尔顿国际酒店集团公司雄心勃勃,正准备在月球上筹建第一家酒店,公司把这家酒店取名为"月球希尔顿",这家酒店将拥有5 000多个客房,其动力采用两个巨大的太阳能发电机组,有旅馆、自己的海滩海域以及生产酒店所需食品的农场。自从在月球上发现水后,希尔顿公司就立即委任建筑师设计这一酒店。他们与美国宇航局的专家进行密切合作,并希望成为其合作伙伴,以便将地球上的旅客运送到月球上去。英国建筑师彼得·印斯敦已制定了月球希尔顿酒店蓝图,准备在月球上建立一座325米高的综合性建筑,其规模可与美国赌城拉斯维加斯的世界上最大的MGM大旅馆相媲美。

二、经营理念

希尔顿经营旅馆业的座右铭是:"你今天对客人微笑了吗?"希尔顿饭店创立于1919年,在100年的时间里,从一间饭店扩展到100多家,遍布世界五大洲的各大城市,成为全球最大规模的饭店之一。通过研究发现其成功的秘诀就在于牢牢确立自己的企业理念,并把这个理念上升为品牌文化,贯彻到每一个员工的思想和行为之中,饭店创造"宾至如归"的文化氛围,注重企业员工礼仪的培养,并通过服务人员的"微笑服务"体现出来。

希尔顿总公司的董事长唐纳·希尔顿在50多年里，不断到他分设在各国的希尔顿饭店、旅馆视察业务。希尔顿每天从这一洲飞到那一洲，从这一国飞到那一国，专程去看看希尔顿礼仪是否贯彻于员工的行动之中。如今，希尔顿的"饭店帝国"已伸延到全世界，希尔顿的资产已从5 000美元发展到数百亿美元。

希尔顿认为：旅馆行业是一个服务和款待的行业，为了满足顾客的要求，希尔顿帝国除了到处都充满了微笑外，在组织结构上，希尔顿尽力创造了一个尽可能完整的系统，成为一个综合性的服务机构。因此，希尔顿饭店除了提供完善的食宿外，还设有咖啡室、会议室、宴会厅、游泳池、购物中心、银行、邮电、花店、服装店、航空公司代理处、旅行社、出租汽车站等一套完整的服务机构和设施。客房分为单人房、双人房、套房和为国家首脑级官员提供的豪华套房。餐厅也有高级餐厅和方便的快餐厅。所有的房间都有空调设备。室内设备，诸如酒柜、电话、彩色电视机、收音机、电冰箱等应有尽有，使到希尔顿饭店住宿的旅客真正有一种"宾至如归"的感觉。

三、管理特色

（一）特许经营扩张市场

希尔顿的发展模式经历了自建模式、管理合同、特许经营等几个阶段。20世纪50年代以来，希尔顿一直延续自建模式，集团发展速度较慢，丧失了发展的机遇。60年代希尔顿创立的管理合同方式，通过管理输出迅速拓展了集团的市场网络，品牌国际影响力迅速提高。90年代希尔顿开始实施"特许经营"方式进行拓展，逐步出售自有的饭店，只保留管理权和特许品牌权利。饭店管理公司逐步将业务重点转移到经营的高端利润区：品牌维护、市场促销等优势领域。2004年希尔顿品牌的特许经营比例已经超过了70%。

（二）品牌多元发展模式

希尔顿在对市场做了细致分类的基础上，采用"主品牌+系列子品牌"的品牌多元化战略，利用各种不同的饭店品牌提供不同档次的服务以满足不同的顾客需求，专攻各细分市场。例如希尔顿旗下主要品牌有希尔顿、康莱德、大使套房饭店、家木套房饭店、花园客栈、汉普顿旅馆、希尔顿度假俱乐部等，每一个品牌都有特定主要目标市场，从而极大地提高了希尔顿在全球饭店市场的占有率。

（三）微笑塑造品牌形象

在希尔顿创业之初，他的母亲曾经对他说："除了对顾客诚实之外，还要想办法使每一个住进希尔顿旅馆的人住过了还想再来住，你要想出这样一种简单、容易、不花本钱而行之可久的办法去吸引顾客。这样你的旅馆才有前途。"母亲的话让希尔顿沉思：如何才能找到既简单、容易，又不花钱且能行之久远的办法来吸引顾客呢？希尔顿想了又想，始终没有想到一个好的答案。于是，他每天都到商店和旅店里参观，以顾客的身份来感受一切，他终于得到了一个答案：微笑服务。于是，希尔顿将企业理念定位为"给信任我们的顾客以最好的服务"，并将这种理念上升为品牌文化，贯彻到每一个员工的思想和行为之中，从而塑造了独特的"微笑"品牌形象。希尔顿饭店的每一位员工都被谆谆告诫：要用"微笑服务"

为客人创造"宾至如归"的文化氛围;希尔顿对顾客承诺:为了保持顾客高水平的满意度,我们不断地听取、评估顾客意见,在我们所在的各个国家实行公平制度来处理顾客投诉并尊重消费者的权利。

(四) 创新个性服务项目

希尔顿饭店集团十分注重以顾客需求为出发点,创新饭店产品与服务,从而给客人以惊喜。希尔顿在产品开发上采取诸多亲近客人的策略,针对游客离家在外的种种不习惯与不方便,希尔顿饭店特别推出了TCL房间(即旅游生活中心),以尽可能地缩小游客住宿饭店与住在家里之间的差异,保证客人能够有充足的睡眠、健康的旅游生活方式,以及帮助客人减轻外出旅游时感到的压力。1996年10月希尔顿饭店公司与国家睡眠基金会合作推出25间Sleep-Tight客房。希尔顿饭店同时推出各种特色服务项目,例如为庆祝周年纪念或新婚的情侣设置浪漫一夜,以极低的房价为客人提供轻松周末服务,专门针对老年人的特殊服务等。不断创新的差异化饭店产品与服务为希尔顿赢得了大批忠诚顾客。

(五) 全面开展市场营销

希尔顿饭店集团一流的市场业绩在很大程度上与其一流的营销是紧密关联的。首先,希尔顿十分注重市场调研以把握市场需求,它有专门的部门负责从世界各地的航空公司、旅游办事处、政府机构等收集市场信息,作为集团营销和产品开发决策的依据。其次,形式多样的高效促销活动极大地提升了希尔顿品牌的知名度和影响力。希尔顿在全球范围内经常开展形式多样的促销活动的同时,还十分重视公益营销,以树立公司良好的社会形象。

四、主要品牌

(1) 豪华品牌:华尔道夫、康莱德酒店及度假村。
(2) 全服务品牌:希尔顿酒店及度假村、逸林酒店、大使套房酒店。
(3) 特色服务品牌:家木套房酒店、希尔顿庭园旅馆、汉普顿旅馆、希尔顿度假俱乐部。
(4) 产权式度假村:希尔顿产权式度假村。

任务三 了解英国洲际酒店集团

一、集团简介

集团总部:英国。

成立时间:1946年。

洲际酒店集团(Inter-Continental Hotels Group)是目前全球最大且网络分布最广的专业酒店管理集团,拥有洲际、皇冠假日、假日酒店等多个国际知名酒店品牌和超过60年国际酒店管理经验。

洲际酒店集团在世界各地发展迅速,目前已拥有9大著名酒店品牌,在全球100多个国家拥有4 400余家酒店,有超过645 000间客房,成为全球拥有客房总数最多的酒店集团。洲际酒店集团也是在中国接管酒店最多的超级酒店集团。

二、经营理念

（一）不把顾客当"上帝"看待

假日酒店集团率先提出"把顾客当成朋友"，而不是把顾客当成"上帝"。这一服务和管理理念对酒店的经营管理产生了深远的影响。

（二）强调服务创新

假日酒店集团强调创新服务理念。假日酒店是第一个免费为家庭旅游者提供儿童床的酒店，第一个在每间客房内提供免费电视和电话，第一个在其汽车旅馆的走廊上放置自动售货的冷饮机和制冰机。假日酒店对顾客的需求体贴入微，每个假日酒店里至少有一名医生和一名牙医，24小时随叫随到。在欧洲的一些假日酒店里，每个酒店都有一位牧师，倾听客人的诉说，为客人排除心理上的困惑。

（三）重视人力资源的开发与管理

假日酒店集团的企业文化是其长期繁荣的保证。为了培养人才，开发人力资源，使集团的高级管理人员了解和贯彻企业文化，假日酒店集团专门成立了假日大学，培训世界各地假日酒店的高级管理人员。

三、管理特色

假日酒店集团是洲际酒店集团的主要组成部分。下面以假日酒店集团为例，说明洲际酒店集团的管理特色和管理理念。

（一）出售特许经营权

在现代酒店业发展历史上，假日酒店集团的创始人凯蒙斯·威尔逊开创了酒店集团成长的一大历史时期——特许经营时期。以商业酒店时期的代表人物斯塔特勒为代表采取的直接投资的酒店集团扩张形式，在战后蓬勃发展的大众旅游时代，已无法满足企业实现规模经济化并以此获取市场潜在利益的要求。在制造业特许经营的启发下，威尔逊将这一企业组织制度引入酒店业。

（二）先进的电脑预订系统

1965年假日酒店建立了自己独立的电脑预订系统Holidex I，到20世纪70年代又开发了第二代预订系统Holidex II。到1973年，为完善这一通信系统，集团铺设了30万英里的电缆，并通过卫星传递信息。Holidex电脑系统将遍布全球的假日酒店联系在一起，使公司内每个酒店的运营状况随时可以反映出来。通过Holidex II系统，可以随时预订任何一个地方的假日酒店，并且在几秒钟之内得到确认，而且这一切都是免费服务。

现在假日酒店集团拥有的Holidex Ⅲ（Holidex 2000）是全球最大的民用电子计算机网，从其规模来讲，仅次于美国政府的通信网络，它曾被指定为美国国家处于紧急状态时的通信后备系统。

（三）标准化管理、严格检查控制

假日酒店集团是一个全球性的酒店集团，集团所属酒店遍及世界50多个地理位置不同、经济状况各异、社会制度相去甚远的国家和地区。如何管理好这些酒店，保证它们的服务都能达到统一的标准确实存在诸多困难。威尔逊参照石油公司的标准提出了酒店的服务质量标准，即硬件上要舒适、方便与安全，软件上要服务友善、好客与乐于助人。威尔逊要求酒店重视维修，保持酒店的崭新和洁净，让客人有一种舒适感、安全感。

假日酒店集团注重服务质量，严格按统一的标准提供服务，建立了严格的检查制度，对不合格者实施严惩，取消集团成员资格。早在20世纪70年代初，假日酒店集团就成立了40人的专职调查队，每年对所属旅馆进行四次抽查。抽查极为严格，涉及酒店各个环节的500多个项目。床垫必须定期变换位置，卫生间的马桶要用牙医的变角镜来检查。检查采用严格的计分制，满分为1 000分，一处不符合卫生标准即扣40分。抽查结果总分少于850分者，予以警告，并限期3个月内改正。到期仍未改正的，解雇经理；如为特许经营酒店，则由国际假日酒店协会收回假日酒店标志，并将其从假日酒店系统除名。

（四）严格控制各类成本

控制成本也是威尔逊所强调的经营哲学，严格控制成本使其具有较强的价格优势。假日酒店利用集团购买优势，采取总公司供应部集中采购的方式，大大降低了采购成本费用。对假日酒店集团所属酒店的改造，总公司可以提供从家具、地毯、窗帘、床单、床罩，到墙纸、装饰物、带镜框的风景画等所需要的一切，成本比单体酒店的改造要低得多。

（五）注重品牌的层次开发

假日酒店集团十分注重酒店产品的层次开发。针对客源市场上的商务、休闲、度假旅游，或者消费层次上的豪华、经济、大众性需求，假日酒店集团开发了针对不同层次顾客的多样化酒店品牌，成立了针对不同目标市场的子集团。从传统的假日旅馆延伸出其他假日品牌，以适应市场的需要。

四、主要品牌

全球化的洲际酒店集团拥有众多国际知名品牌，如洲际酒店及度假村、皇冠假日酒店及度假村、假日酒店、假日度假酒店、假日俱乐部度假酒店、智选假日酒店、英迪格酒店等。

任务四　了解国内知名酒店集团

锦江国际酒店集团

锦江国际集团是中国规模最大的综合性旅游企业集团之一。集团以酒店、餐饮服务、旅游客运业为核心产业，并设有酒店、旅游、客运物流、地产、实业、金融六个事业部。注册资本20亿元，总资产180亿元。2017年6月30日，锦江国际（集团）有限公司获得2017年中国商标金奖商标运用奖。锦江酒店是集团核心产业之一。

上海锦江国际酒店集团专业从事星级酒店和"锦江之星"连锁经济型旅馆，以及餐饮业的投资与经营管理。集团旗下的酒店遍布全国 24 个省及自治区，下辖 73 个城镇及 4 个直辖市，其中大部分位于中国两大金融和旅游中心，即上海和北京，并处于市内的黄金地段，邻近市内旅游区及商业区，与火车站及公交车总站等交通枢纽毗邻，深受顾客欢迎。锦江国际集团投资和管理近 1 000 家酒店、100 000 间（套）客房，在全球酒店集团 300 强中排名第 22 位，列亚洲第一位，获"中国最佳信誉品牌"称号，而"锦江"商标为中国驰名商标、"上海十大最具价值老商标"，享誉世界。

首旅如家酒店集团

北京首旅如家酒店集团是由原首旅酒店集团与如家酒店集团合并后成立的新集团。合并后的首旅与如家实现了优势互补、资源整合，达成了产品全系列、信息全覆盖、会员全流通、价值全方位的整合效果，为首旅如家酒店集团的整体业务带来升级，并加速以酒店为主的住宿产品的迭代更新。截至 2016 年 12 月，首旅如家酒店集团在国内 360 余个城市运营近 3 200 余家酒店，覆盖"高端""中高端""商旅型""休闲度假""长租公寓""联盟酒店"全系列的酒店业务。

华住酒店集团

华住酒店集团是国内第一家多品牌酒店集团，全球酒店二十强。自 2005 年创立以来，华住在短短数年间已经完成全国 31 省市的布局，并重点在长三角、环渤海湾、珠三角和中西部发达城市形成了密布的酒店网络。2010 年 3 月 26 日，华住酒店集团的前身汉庭酒店集团在美国纳斯达克成功上市。2018 年 8 月，华住酒店集团以近 4.63 亿人民币收购青普旅游及同程旅游合计持有的花间堂 71.2% 的股权。

"华住"是中华住宿的简写，这简单两个字蕴含了公司的伟大愿景：成为代言中华住宿业的世界级酒店集团。截至当前，以"成为世界住宿业领先品牌集团"为愿景的华住酒店集团，在创始人季琦的带领下，在中国超过 200 个城市里已经拥有 2 100 多家酒店和 30 000 多名员工，旗下拥有 6 个酒店品牌：包括商旅品牌——禧玥酒店、全季酒店、星程酒店、汉庭酒店、海友酒店，以及度假品牌——漫心度假酒店，在全国为宾客提供从高端到平价、商务差旅到休闲度假的住宿体验。在客人体验方面，华住酒店集团在业内做出多项创新：从领先业内的符合人体工程学的床垫、荞麦双面枕、免费 Wi-Fi 上网、自助选房到零秒退房等服务。

复习思考题

1. 目前，全球最大的酒店管理公司是哪一家？其企业文化包括哪些内容？
2. 万豪国际集团有哪些主要品牌？
3. 请介绍国内知名的酒店管理集团。

项目十二

酒店行业发展趋势

学习目标

了解收益管理的概念,掌握收益管理的主要内容和实现手段,学会酒店收益管理的实施方法。了解酒店客房及卫生间设计与装修的发展趋势,能够对酒店设计与装修中智能技术的应用提供指导。

任务一 酒店收益管理及其发展前景展望

收益管理最早出现于航空业,后被引入酒店业,近年来在国际酒店中得到了越来越广泛的应用,成为酒店竞争的重要手段,也成为未来酒店业经营管理非常重要的发展趋势,因而受到国内外酒店经营管理人员前所未有的重视。

一、收益管理概述

(一)收益管理的起源

当你乘坐飞机时,可能会发现邻座支付的票价比你贵了一倍;当你租车时,也可能发现别人租同款车的费用是你的一半;当你下榻旅馆时,也许会发现隔壁旅客住同样的房间,房价却便宜了许多。主要原因在于收益管理系统的运作。

收益管理(revenue management)理论最早起源于美国航空业。在1978年《解除航空公司管制法》颁布以前,美国政府制定了统一的国内票价,根据飞行的距离来衡量航空业的平均成本,所有航空公司的航班只要是飞行距离相同,都必须执行相同的票价。1978年以后,随着价格管制的解除,收益管理应运而生。当时出现了一家新的航空公司——人民捷运公司,推出了低价机票。一些大航空公司(如美洲航空公司和联合航空公司)为了与人民捷运公司竞争,将一部分座位以低价出售,但同时将剩余的座位仍然以高价出售。通过这种方式,它们既吸引了人民捷运公司那些价格敏感型的顾客,同时又没有失去高价顾客,结果人民捷运公司的大量顾客转投大航空公司,导致人民捷运公司最终破产。公司破产的主要原因是缺乏收益管理系统。

收益管理的核心是通过制定一套灵活的且符合市场竞争规律的价格体系，再结合现代化的微观市场预测及价格优化手段对企业资源进行动态调控，使企业在实现长期目标的同时，在每一具体营运时刻充分利用市场机遇来获取最大收益。总而言之，收益管理的目标是使企业产品能在最佳的时刻，以最好的价格，通过最优的渠道出售给最合适的顾客。

酒店业最早开发使用收益管理系统的是万豪国际酒店。收益管理系统的开发使用，不仅帮助酒店经营管理者迅速、准确地做出各种决策，而且使酒店的总收益得到增加。因此，近年来美国许多中高档酒店（如假日酒店、希尔顿酒店、凯悦酒店、威斯汀酒店等）均开发了各自的收益管理系统。据报道，自收益管理系统建立以来，凯悦摄政俱乐部客房的预订率上升了20个百分点，各预订中心平均房价也有所上调；希尔顿酒店公司已经创造了收入的新纪录。

（二）酒店实施收益管理的意义

随着计算机和信息技术的迅速发展，多数酒店引入了计算机联网的预售及客房管理系统，使得酒店管理进入了数字化阶段。相应地，酒店业的价格与收益管理系统的功能也日益重要。过去手工操作的粗线条管理模式已不能满足日益激烈的市场竞争的需要，取而代之的是大量数据的微观分析以及针对具体客户的精确的定量管理。就收益管理的方法来说，由点式管理、网式管理发展到了结合客户服务的综合管理。在价格管理方面，也从单一静态价格到多重动态价格，再到结合市场竞争的优化价格控制。这些虽使得价格与收益管理系统变得更复杂，但所创造的效益也日益显著。根据使用者统计分析，一个现代化的收益管理系统每年可为酒店增加4%~8%的额外收益。对许多企业而言，这几乎占净利润的50%~100%。

根据对美国一些常年实行收益管理的酒店的统计，价格和收益管理已成为最有效的利润增长手段。在酒店业，由于收益管理系统对公司决策和创利的巨大影响，世界许多著名酒店集团（特别是欧美的主要酒店集团）的管理层都对收益管理高度重视，设立了专门的收益管理部门，并配置了能进行大量数据分析和实时优化处理的计算机系统。这些系统与酒店的前台系统、预售系统以及数据库相连，为酒店管理决策提供了许多辅助功能，使酒店从被动式管理转变为主动式控制，从而在市场竞争中获得先机。

酒店收益管理是数字化科学管理在酒店业的具体体现。一个有效的收益管理系统不仅能对酒店的资源进行最佳管理，而且是提高酒店管理人员现代管理意识的有效工具。许多实际的应用已证明了这一方法的可行性和有效性。特别是面对日益激烈的竞争环境和越来越复杂的产品组合，收益管理系统在许多情况下已成为一种不可或缺的决策工具。

近年互联网技术的进步使得酒店的分销渠道越来越多样和复杂。例如，在线旅行商、全球分销系统（GDS）、社交媒体、酒店官网、中央预订中心（CRS）以及智能手机应用软件等分销渠道层出不穷，顾客的选择越来越多，定价和分销也越来越难管理，使得收益管理变得更加重要。

二、收益管理在酒店的应用

负责收益管理的酒店经理，会把每天预期平均房间需求制成图表，确定在哪个价格点上调或下调，以鼓励或阻止需求。

（一）酒店收益管理的核心内容

一般来说，不同的酒店由于市场定位、顾客来源、管理理念及控制机制不同，开发使用的收益管理系统也有所差异。但是，这些收益管理系统均具有两大共同功能：需求预测和优化调控。这也是收益管理的核心。

需求预测功能是指准确地预测未来旅客需求及客房供给的情况，使管理者对今后的市场有清晰的认识。该功能在分析酒店以往客房预订的历史数据以及当前旅客预订情况的基础上，正确估计出未来每天的旅客需求和空房的供给，其中包括每天不同时段可能有多少旅客会来预订房间、他们是什么样的旅客、要住什么样的房间、停留多长时间，以及每天各个时段有多少空房可供预订等。鉴于旅客需求的季节性和时段性，收益管理系统往往进行长期、中期和短期的预测。长期预测的时间通常为3至9个月，中期预测为7天至3个月，短期预测为当天多个时段至以后的7天。由于许多旅客是当天临时登记入住的，有的收益管理系统还每间隔几个小时就进行一次短期预测，以保证预测的准确性。

功能是指制定最佳房价，并推荐最佳的空房分配方案，以供管理者决策参考。最佳房价与最佳空房分配方案，是在以酒店总收益持续增长为目标，依据旅客需求与客房供给的预测并考虑其竞争对手的情况下，通过建立和分析复杂的数学模型获得的。其中，最佳房价包括每天各个时段不同房间的价格，最佳空房分配方案则是动态地调控每天不同时段各种空房供给的配额。

（二）酒店收益管理的基本思路

收益管理的基本原理就是通过对市场的细分，对不同的顾客在不同时刻的需求进行定量预测，然后使用优化方法来进行动态的控制，最终使总收益达到最大化，并保持持续增长。不同的酒店和酒店集团，由于各自的市场定位、顾客来源、管理理念、控制机制不同，其价格与收益管理的方法及其作用也不尽相同。但总体而言，酒店业的价格与收益管理系统可通过以下几个方面来发挥作用：

1. 顾客分类及需求预测

不同的顾客对酒店的要求往往不同。尽管每一家酒店都有自己的市场定位，但顾客的性质、来源渠道以及消费特点仍有许多不同之处。收益管理的一个重要功能就是通过科学的方法对不同的顾客进行分类，并得出各种行为模式的统计特性，然后再对每一类顾客的未来需求进行精确的预测，包括预订时间的早晚、入住时间的长短、实际入住和预订的差异、提前离店和推迟离店的概率等。有了这些精确的预测，再结合各类客人对价格的敏感度等，酒店就能很好地控制资源，提高收益。

2. 优化控制

除了精确的需求预测，还必须有一套相应的价格与收益控制体系才能灵活有效地利用酒店资源，使得收益或利润最大化。对于不同的预售和价格控制系统，酒店业普遍采用的优化方法主要包括线性规划、动态规划、边际收益控制、风险最小化等。这些方法最终转换成可操作的控制机制，如最短最长控制、完全长度控制等。

3. 节假日价格需求控制

节假日以及特殊事件日往往是酒店获利的最佳时机，许多酒店在此期间一般能达到很高的入住率。但高入住率并非等同于高利润率。要使得收益和利润最大化,还必须有一套完善的节假日需求预测及控制方法。

4. 动态价格设定

酒店的定价及其管理是调节一家酒店盈利能力的最直接的杠杆。常见的以成本为基础的定价方法虽简便易行,但往往缺乏竞争的灵活性,且不能反映市场需求的动态变化。而建立在收益管理基础上的一些定价方法,如实时竞标定价、浮动定价、竞争定价等,则通过对市场的细分和有效的控制,使价格杠杆的功能发挥到极致。

5. 超额预订控制

由于预售和实际入住往往存在一定的差异,因此如何预测及控制这种差异从而保证实际入住率是酒店经常要解决的一个问题。在高峰季节,这一问题特别突出。对酒店而言,既要保证尽可能高的入住率,又要避免因超售而使得客人无房的尴尬,因此一种精确的超售控制是保证酒店在最大收益条件下使客户服务损失最小的重要工具。

6. 团体销售和销售代理管理

团体销售几乎是每一家酒店都有的业务,且多数情况下有一定的折扣。但如何定量地对这项业务进行分析并有效地控制折扣幅度,是收益管理的重要内容。相应地,对于销售代理及批发代理等,也可通过抽象的模式来进行优化控制。

7. 酒店附设资源管理

许多星级酒店常有许多附设资源,如餐厅、会议室等。广义的收益管理不仅要对客房的收益进行预测和控制,而且要对整个酒店的收益进行预测和优化,以期达到最大效益。

8. 经营状况比较和 what–if 分析

酒店经营状况的及时回馈和历史分析是保证酒店正确决策的重要途径。而收益管理系统由于同时兼有大量的历史数据以及未来需求的预测,因此可以是一个很好的战略和战术的决策武器。另外通过 what–if 分析,即通过比较不同控制模式所得到的实际收益和理论最大收益之间的差值,酒店管理层就能随时判断经营管理的状态。

9. 结合顾客价值的收益管理

随着许多星级酒店由以利润为中心的管理转向以顾客服务为中心的管理,如何确定每一位顾客的价值并通过相应收益控制来区别对待,是酒店收益管理的一个新的方向。

(三) 收益管理法在酒店的具体实施

以往酒店业都将客房利用率的高低看作成功的标志。衡量酒店经营成功与否的另一个指标是已出租客房的平均房价。收益管理根据酒店历史的销售资料,通过科学预测,将两项指标联系在一起,找到客房出租率与平均房价的最佳结合点。

收益管理意味着在任何特定的时间段内,按照客房需求量来调整客房价格。如果客房马上就要订满了,在这种情况下对房价打折就毫无意义了。相反,如果,晚上客房肯定住不满,那么,将房间以折扣价出租比空房要好。根据收益管理理论,假日酒店宁愿接受一个房价稍低但连住数日的预订,而不愿接受一个房价稍高但只住一晚的预订,因为它们认为这样做使房间空置的风险更小。

在实践中,酒店住房在客满与低出租率之间有很多种情况,这时都需要做出定价决策。此外,每天或每季度要做的超额预订决策也可以纳入收益管理系统。一些酒店利用人工方式管理收益管理系统,但越来越多的酒店开始采用计算机程序进行收益管理,它们利用有关本酒店客房需求的历史数据,预测未来需求情况,并根据需求量在不同时期的变化情况及时调整客房价格水平。另外,越来越多的中央预订系统将收益管理的内容纳入其计算机程序。

酒店在供不应求时,如何销售才能使客房的收益最大?酒店在供大于求时,如何销售才能使客房的收益最大?这就涉及收益管理法的精髓。

收益管理法在日常工作中主要用于存房管理和订房管理。存房管理,指前台管理人员为各个细分市场的顾客合理安排一定数量的客房;订房管理,指预订部的管理人员根据不同时期的客房需求量,确定不同的房价。

1. 在客房需求量高时可采取的措施
(1) 限制低价客房数量,停售低价房和收益差的包价房;
(2) 只接受超过最短住宿期的顾客的预订;
(3) 只接受愿意支付高价的团体的预订。

2. 在客房需求量低时可采取的措施
(1) 招徕要求低价的团体顾客;
(2) 向散客提供特殊促销价;
(3) 向当地市场推出少量廉价包价活动。

由此可见,收益管理的关键是对客房需求进行准确的预测,并根据预测情况确定具有竞争力、能够保证酒店最大收益的客房价格。

实施收益管理法的酒店,在营业高峰时期总会有几天时间,房务总监和前台经理俨然是在前线作战的指挥,亲自控制订房数和停售类型,这些天的最终销售结果会使他们兴奋或沮丧。如果运用收益管理法得当,不但房价高,而且出租率达到99%以上,会令人兴奋;如果由于信息和情报的错误,加大了房价控制的力度,推掉了一些接受较低房价的顾客,却使实际抵达的顾客比预期的少,没有达到预期的出租率,会令人沮丧。

收益管理法是一种实施难度较大的方法,在国际酒店行业,往往使用这一方法来评估房务总监或销售总监是否有经验。

三、酒店收益管理发展现状及前景展望

(一) 酒店收益管理发展的三个阶段

收益管理在国外酒店业的发展可分为三个阶段。这三个阶段清晰地勾勒出酒店收益管理的发展趋势。

第一阶段:无专人管理阶段。

即在收益管理概念还没有出现之前,酒店的价格和销售管道等方面的策略由酒店总经理和市场销售总监决定,由前厅部和预订部执行。这个阶段的定价和分销策略缺少资料分析,决策主要依据经验、直觉和人际关系,缺乏科学性。

第二阶段:收益管理专人管理阶段。

在这个阶段,酒店设立收益管理职位,招聘专人负责收集、整理和分析各种数据及信息,制定和实施策略。实施收益管理的重点是客房收益的最大化。收益管理人员大部分精力放在制定和修改各种分销渠道的价格上,重视调整房间的供应量,编制一些报告,开展一些

促销活动，决策侧重于战术。

第三阶段：全面收益管理阶段（最新收益管理阶段）。

这个阶段以第二阶段为基础，通过培训提高了酒店全体员工的收益管理意识，各部门制定收益管理的实施细则、绩效评核标准以及奖励的办法，所有员工参与到增收节支的工作中。其目标已不仅限于客房收益最大化，扩展到实现餐饮、会议、宴会和康乐等所有部门的收益最大化，乃至酒店的整体收益最大化。在这个阶段，专职的收益管理人员还会积极参与酒店的市场营销和成本控制的决策，考虑得更为长远。

（二）我国酒店业收益管理现状及前景展望

据有关机构对我国近 200 家酒店的收益管理情况开展的网上调查结果显示，其中的国际品牌酒店 100% 实施收益管理，有的是每家酒店配备一名专职收益管理人员，有的只在集团总部设区域收益管理人员，负责指定区域数家酒店的收益管理工作。而被调查的非国际品牌酒店（包括国有、私营和个体酒店）中超过 70% 没有配备收益管理的人员，没有实施收益管理。

由此可见，收益管理系统在我国本土酒店的应用十分有限。尽管这样，其开发应用的主要条件已经基本成熟。因为随着计算机的日益普及，国内许多四星级、五星级酒店或酒店集团建立并逐渐完善了各自的信息管理系统，而收益管理系统正是以信息管理系统为基础的。

由于收益管理系统需要大量的投入（主要是购买和开发收益管理系统），因此，酒店业收益管理不可一哄而上，应从酒店集团以及四星、五星等高星级大酒店开始，逐步推广到中小型酒店。但这并不意味着中小型以及中低档酒店与收益管理无缘。对于单体中小型及中低档酒店而言，虽然采用计算机收益管理系统的条件尚不成熟，但利用收益管理理念，通过人工的方法进行酒店收益管理还是可行的，也是必要的，这取决于酒店前厅及销售管理人员的经验和素质。

任务二　酒店设计装修及其发展趋势展望

酒店设计与装修是酒店职业经理人必须掌握的知识，了解未来酒店设计与装修的发展趋势，对于提高酒店的竞争力，进而提高酒店的经济效益，具有十分重要的意义。

一、酒店总体设计大趋势

（一）酒店设计的时尚化趋势

人们随着生活水平日益提高，更多地关注时尚，酒店设计也必然应顺应这一趋势。酒店时尚化，简言之就是在酒店设计中融入现代艺术的元素。一般来说，从色彩、线条、材质、光线、装饰品等几个方面来凸显设计的前卫理念，再摆放风格相宜的家具，配以简洁的客房用品和艺术缀饰，会使客房的沉闷气息一扫而空，让客人流连忘返。

顺应时代潮流和大众的消费诉求，出现了精品主题酒店、绿色酒店、科技酒店等酒店类型。不论是传统酒店还是现代酒店，都越来越强调时尚，不同的是，因时因地而异，时尚的风格和主题也有所变化与革新。在瞬息万变的现代社会，时尚是难以把握的脉搏和稍纵即逝的机缘，更是时代激情与活力的体现。

（二）酒店设计将更加注重文化品位和高科技的应用

21世纪，世界经济将日趋全球化，竞争将更加激烈，但竞争的层次将不断提高，酒店的竞争将从低层次的价格竞争逐渐转向高层次的文化和品牌竞争。有文化品位、有鲜明个性和特色的酒店将受到顾客的青睐，因此，酒店客房在装修、布置和服务方面，将注重文化、艺术品位，追求个性和特色，与此相适应，客房的结构、家具的设计和摆放、色彩和灯光的运用等将突破传统，更加大胆。那种千篇一律、毫无个性和特色的酒店客房将被市场所抛弃。

二、智能技术在酒店设计与装修中的应用

进入21世纪，高科技智能技术将在酒店设计与装修中得到广泛应用，数字客房有望大行其道：入住酒店的客人在客房内可以无线上网，所需的一切服务只要在计算机或电视屏幕上按键选择即可（如点播电影、查询留言和账单等），也可坐在屏幕前与异地商家进行可视的面对面会议或洽谈，真正使客人"运筹帷幄之中，决胜千里之外"，房内拥有可视电话，电动按摩床、椅使客人体会到方便和舒适。客房内的设施设备也将完全由计算机控制：客人在客房内可以随心所欲地变换四季景色，也可以将窗户按照自己的意愿通过遥控器变换为美丽的沙滩，或者绿色的草原；客房叫醒钟将由叫醒光代替；床可以由客人遥控弹性和硬度。客房空调将由总台控制，当客人办好入住手续后，总台可通过电子遥控开启客房内的空调，以方便客人入住，为客人带来舒适的入住体验。其中，智能服务系统包括智能保险箱、智能数码电视、智能马桶等设备。智能管理系统包括智慧客房中心、智能门锁系统、智能照明和温控调节设施、能源管理系统等高科技设施。

三、国外酒店设计的发展趋势

国外酒店设计的趋势涉及诸多方面，从反思客房的配置以保持高度个性化的体验，到试图将酒店由住宿场所变为避世之处等。

（一）未来的大堂：多用途的动态空间

为了适应商业旅游新趋势，酒店大堂变身成一个多用途的动态空间，可以进行正式的商务谈判，也可随意地聊天；不仅可以用笔记本处理工作，还支持各种设备。这意味着简单的沙发搭配咖啡桌是不够的，创造性地细分空间势在必行。既有私密的场所，也有公开的社交区域，家具的舒适感和功能性也因此有所不同。

（二）反思客房的配置

床、书桌、衣柜的客房标配已不再经典，也不会让旅客感到温馨。如今，离家在外的客人期待着不寻常的惊喜。这大概就是每一家酒店的内部装饰都要与众不同的原因。为商旅者量身打造的创新型办公室里有好玩的电视面板，特大号的床边放置着特别的沙发等，这些都是构成一个时尚酒店客房的关键元素。有的客房还利用冲击力很强的色彩和装饰混搭，以满足旅客的猎奇心。

（三）像 SPA 一样的浴室

过去，浴室被视为辅助空间，为了尽可能地扩大客房，浴室常常较小。然而，现代的旅行者更期待在旅行中获得在家无法获得的享受。度假酒店里配上带有 SPA 功能的浴室，对于那些憧憬着享受生活的游客而言充满诱惑。想象一下，在套房内有超爽的瀑布流水式的淋浴蓬头、超大的浴缸、男女两用的洗脸台、宽大的毛巾、齐全的美容用品以及足够大的空间是多么令人惬意。

（四）不仅是餐厅，而且是旅行的目的地

现在很少有酒店餐厅仍将自己定位为实用性的吃饭场所。烹饪是一门精妙的艺术，餐厅就是烹饪艺术的"展厅"。越来越多的餐厅通过巧妙的设计成为令人难忘的场所。很多现代化的酒店用创意将餐厅想传达的主题推上一个新的高度，让每一个餐厅变成游客的目的地。

（五）模糊室内与室外的界限

感官体验是一个很长的过程，现代酒店经营者们试图通过模糊室内与室外界限的办法尽可能地让室内外看上去没有距离。他们不仅扩大了客房的落地窗和阳台的空间，还想尽办法将自然引入室内。镶嵌的木制品、装饰用的石头以及郁郁葱葱的绿色植物及室内瀑布等都能让旅客放松心情。

（六）绿色之路

超大尺寸的天窗、纯自然的建筑材料、绿色屋顶、针对旅客的回收箱、电子水龙头、当地种植的食材以及废水再利用等都是酒店注重环保的具体体现。

（七）聚焦当地艺术

现代建筑艺术通常都远离当地的建筑传统，令人感到遗憾。不过，幸运的是，有越来越多的酒店经营者意识到，在室内设计主题中加入当地元素可以让酒店更有辨识度，也更受游客欢迎。从小摆件、风光照片到大规模的装饰，将当地艺术融入酒店视觉再简单不过。

（八）注重高科技的应用

尽管并不是所有人在离开家时都想寻求一家应用高科技的酒店，但越来越多的酒店把关注点放在了不计代价地让旅客"紧跟时代"上，一间人性化的科技型客房极大地方便了商务旅客的工作，从长远看这也有利于增加用户黏性。有的新建的酒店为客人提供一个可以调节光亮、空调温度甚至是百叶窗的智能手机，不得不说，这的确是一个高明的商业手段。另一个流行的趋势则是在前台提供平板计算机为旅客办理入住、打印登机牌或者其他需要在线连接的自助流程。

（九）少一些图案，多一点颜色和纹理

外出时，人们会有比平时更多的时间和机会去探索自我的感官。这大概是酒店客房减少扰乱视觉的图案，而更多地用有纹理的材质的原因。如果这一改变能给客人带来一些感受，

会给他们留下难忘的记忆。客房中增添一些鲜艳的色彩可以创造欢乐的舒缓气氛。

（十）个性化空间

如果酒店带给旅客独一无二的住宿体验，相关的记忆会停留很长一段时间，这已是不争的事实。有鉴于此，酒店经营者对客房的个性化给予前所未有的重视。快捷酒店和临时旅馆作为全新的概念逐渐在行业中兴起。主题客房对旅客也有极大的吸引力，尤其是游客只能尝试一次的时候。

总之，营造一种宾至如归的"家"的感觉。对酒店而言，无论客房多么奢华，运用了多少高科技，有着多少新奇的主题，最重要的是让客人感觉安逸、舒适。木质装饰、创意搭配、地毯、窗帘、壁炉、大电视和旅客可能会喜欢的音乐，会带给客人一次难忘的旅程。

任务三　酒店服务管理及其发展趋势展望

走进半岛酒店的客房，每间房间都有三台平板计算机，该互动触控式控制面板备有十一种语言，可显示餐厅餐牌、酒店服务信息、航班实时信息等。通过该平板计算机还可控制整个房间的灯光、窗帘开关、服务呼唤，调节温度及阅读天气信息等。尤其值得称道的是，宾客还可通过这个平板计算机预订客房服务，而不需要打电话。作为酒店经营管理者，应该了解酒店服务和经营管理的发展趋势，以便在酒店经营管理中少走弯路，提高服务质量和管理工作的效率，进而提高酒店的竞争力。

一、酒店服务的发展趋势

（一）整体化趋势

1. 个性化服务

服务产品是无形的，服务质量最终由客人评价，客人评价旅游服务质量优劣的标准是能否满足客人的需求。而客人的需求又是千差万别的，既有共性的部分又有个性化的部分，因此要使服务质量上一个台阶，必须满足客人的个性化需求，为客人提供个性化服务。与此相适应，21世纪酒店客房服务模式将从标准化走向定制化。

标准化的特征是酒店生产什么，客人消费什么，以一种模式面对所有客人。而定制化的特征是根据每个客人的不同情况和需求，生产不同的产品，强调你需要什么，我就提供什么。因此，定制化服务实质上就是以标准化为基础的个性化服务，包括针对性服务、灵活服务、超常服务、心理服务等基本内容。

如果说服务的标准化、规范化是保障酒店服务质量的基础，那么，个性化服务就是服务质量的灵魂。要提高客房服务质量，必须为客人提供更加富有人情味的、突破标准与规范的个性化服务，这是服务质量的最高境界，是酒店服务的发展趋势。

2. 感情化服务

个性化服务是在规范化服务的基础上为客人提供的更高层次的服务。然而，要进一步提高服务质量，还要为客人提供感情化服务。感情化服务是酒店服务的灵魂，只有提供感情化服务，真正感动客人，使客人喜出望外，才能使他们最终成为酒店的忠诚客人。近年来，我国旅游界提出"中国服务"的概念，对这一概念尚有不同的理解，但具有中国特色的感情化服务，一定是"中国服务"的重要内容之一。目前，国际酒店集团只做好了规范化服务和个性化服务，还没有触及感情化服务，只有少数国内先进的酒店真正做到了为客人提供感情化服务。在我国，珠海御温泉度假村和广东从化碧水湾度假村酒店是为客人提供感情化服务的典型代表。

3. 管家服务

为了进一步提高服务质量，越来越多的高档酒店将为客人提供管家服务，在提供"英式管家服务"的同时，不少国内酒店开始探索具有中国特色的"中式管家服务"。

三亚亚龙湾五号度假别墅酒店推出的中式管家服务是英式管家服务和菲佣服务的发展和创新。据酒店董事长介绍，酒店充分吸收了中国古代豪门宅院由一个管家统领一个仆人群的传统服务模式，在服务中加入了亲情等中国传统文化元素，最终提炼出了一种独具特色的中式管家服务新模式。

中式管家目前主要包括私人管家、贴身保姆、高级厨师和专职司机，他们组成一个服务小组。私人管家主要负责安排及统筹其他三人的工作和各部门之间的协调，同时还要具体负责客人的行程安排、景点介绍及举办聚会和宴会、代购机票等其他委托服务；贴身保姆主要负责日常起居清洁、烹饪家常菜、洗衣（水洗）、擦鞋、婴儿看护、物品租借、代收物品、叫醒等24小时个性化贴身服务；高级厨师负责别墅内家宴、聚会、烧烤等高档烹饪；专职司机每天免费提供10小时专车服务。另外，根据客人需求，酒店还在此基础上安排保安、清洁工、园丁、财务人员等提供公共服务。

4. 创新化服务

进入21世纪，酒店竞争更加激烈，酒店的经营管理和服务必须进行全方位创新。酒店服务创新不仅是提高服务质量的重要方法，而且是提高酒店竞争力的重要手段。酒店经营管理者必须发动所有员工对酒店服务理念以及服务的方式、方法、程序、内容等进行全面创新，从而给客人带来全新的住店体验。

（1）创新服务、注重细节。

客房部可在客房内根据一年四季的变化变换问候卡，送上关爱：如"愿您拥有夏日的浪漫与激情"、"尊敬的宾客，您一路辛苦，赶快给家人报个平安吧"。如果遇到住客生日，赠送小熊猫、小松鼠等可爱的小动物玩具而不是常见的巧克力，也许会带给客人更多的惊喜。在VIP客房中，在客厅显眼处摆上一个鱼缸，翠绿的珊瑚草和充满生机的小金鱼会给客人带来惊喜。在新婚房中摆放象征着纯洁爱情的玉兰花或百合花，置放些花生、红枣等寓意着客人"永结同心、早生贵子"的吉祥物，定会带给客人更多的体贴与亲情，让客人切实感受到家的温馨。

通常，酒店服务员做夜床后放的是晚安糖。美国一家皇冠假日酒店别出心裁，在床头放上一个精致的小口袋，里面放的是一张催眠CD，还有耳塞等。客人可以将碟片放进床边的迷你音响中，伴着美妙的音乐进入梦乡，或将耳塞放入耳朵里，在几乎不受干扰的环境中睡着，也可以将之留作纪念。这个小礼物成为宣传酒店形象的媒介。

（2）以方便客人为前提。

不少酒店强调客房内电话机线应绕机一圈布置，以求美观，但客人使用时极不方便，容易绊起电话机，应予以调整。又如浴帘的拉启，萧山宾馆客房部原来的做法是在浴缸的尾部拉开，在靠近莲蓬头一侧拉拢，为的是防止客人淋浴时水外溅，打湿座厕盖。但细细琢磨，客人淋浴前大多喜欢先调试水温，不得不先拉开浴帘，造成不便。因此，从方便客人的角度出发，他们将浴帘改为以靠近莲蓬头一侧拉开。做夜床时，原先按规程应将客房中的床头灯亮度调至微暗，以营造就寝气氛。但随着现代社会客人过夜生活越来越普遍，客人进房后未必打算入睡，暗的灯光通常会令客人不舒服，客人不得不自己动手调高亮度。为适应客人这一消费习惯，宾馆已将夜床服务规程加以修改，规定开夜床时将床头灯亮度调至最高档，以营造明亮舒适的居家气氛。再如，某酒店最新改造的商务客房中，在布置物品时特意在写字台靠近计算机插座附近留有空位，以方便商务客人摆放随身携带的计算机设备，这些都体现出酒店对客人的细心关爱。

（二）具体化趋势

1. 前厅部管理的发展趋势

（1）精简机构。

为了节约成本，前厅部将采取各种措施提高管理和服务效率，节流挖潜。

首先，精简机构，合理定编。前厅部的组织机构将化繁为简，人力上尽可能精而少，不会雇用一个多余的人。酒店会根据来年预计的营业情况，重新定编。同时，充分利用社会上的专业公司为酒店服务，如将酒店商场外包，将商务中心出租等，使酒店的组织机构虚拟化。

其次，一职多能，人尽其才。一职多能既可以精简机构，也可以培养人才。就前厅部而言，根据客人的活动规律，上午是客人退房较为集中的时段，收银员的工作较为繁忙，接待员则没有多少事干，而下午入住客人较多，办理住宿登记的前台接待人员较为繁忙，办理结账退房手续的收银员则较为清闲，考虑到这一特点，大部分酒店的前台都会将接待与收银的工作合并，前台每一位员工都可为客人提供登记、问讯和结账服务。此外，总机接线员也将承担起多项职能。按下酒店房间电话机上客房服务中心的功能键，你会发现接听电话的是总机话务员，她会将接收到的信息及时传递给相关部门跟进。

对员工进行一职多能的培训（如培训前台接待员掌握财务知识和收银技能），可让他们掌握更全面的业务技能，成为出色的服务员，为客人提供全方位的服务。这样的员工队伍不仅可为酒店节约人力成本，而且可提高酒店整体服务水平。

（2）服务优化细化。

首先，提供一步到位服务。前厅部任何一位员工都必须为有需要的客人提供服务及说明，不会因隶属于不同部门而怠慢客人，客人向任何一位员工提出问题都可得到解决，不会遇到转交其他员工解决问题或相互推诿的现象。

其次，提供一条龙服务。越来越多的酒店将为客人提供一条龙服务：酒店代表在机场接到客人后会致电有关部门，接待组就会准备客人的入住资料、钥匙等，司机在快到达酒店时会再次致电有关部门，金钥匙或行李员会在门口迎候客人，并带客人去接待处登记，取钥匙上房间，整个过程一气呵成。为客人提供一条龙服务，要求部门之间和岗位之间有良好的沟通和衔接。

（3）定价策略灵活。

前台接待人员将得到更大的授权，可根据客人及酒店的实际情况灵活定价。越来越多的酒店将没有固定的房价，而是根据当天的开房率来定价，以创造最大的利润。为了提高前台销售人员工作的积极性，最大限度地提高酒店的经济效益，酒店会将接待人员的奖金与其每月的销售业绩挂钩。

(4) 预订网络化。

进入21世纪，酒店为了提高客房利用率和市场占有率，将利用包括价格在内的各种手段鼓励客人提前预订客房，客人将根据其预订提前期的长短，在房价上得到不同程度的优惠（提前期越长，优惠程度越大），而且，信息技术的发展也极大地方便了客人的预订，其中网上客房预订将成为一种新的发展趋势。

目前有这样一种趋势，即低价、批发性质的客房预订正在主导网上销售。通过实施以下新战略，酒店可以与第三方中介网站进行竞争，从而避免失去更多的网上客房预订：一是认真管理批发商列表；二是尽可能多地向客人提供各种能够支持和区分不同产品和品牌的信息。通过这些方法，客人能够根据他们不同的喜好和要求区分各种不同的服务，而不再只是根据价格来决定。酒店必须重新考虑自己只注重提高入住率的简单想法。早期的一些数据表明，当酒店纷纷涌向在线批发商以提高客房入住率时，或许未注意到酒店的长期收益率下降，自己的品牌价值受损。因此，酒店在提高客房入住率时必须战略性地管理这些销售渠道。

(5) 前台接待由"站式"改为"坐式"。

在传统的酒店，客人站立办理住宿登记手续，进入21世纪，将有越来越多的酒店（特别是度假酒店）把站式接待改为坐式接待。主要基于以下几方面的原因：客人到达酒店时，一般比较疲劳，改为坐着登记更人性化；增加酒店的亲和力；坐着登记能够拉近酒店与客人之间的距离，使客人有回到家里的感觉；能够使普通客人享受到行政楼层客人的待遇。通常，只有在豪华酒店的行政楼层，客人才享受坐着登记的待遇。将总台接待由站式改为坐式，将提高普通客人的满意度。

(6) 入住登记和选房自助化。

随着电子信息技术的发展，未来客人可能不再需要在总台排队等候办理入住登记手续，取而代之的是自助式服务或直通式入住模式。除了使用手机自助办理入住登记手续以外，客人还可以通过酒店内提供的自助设备来办理入住手续。

很多国际连锁酒店集团开始采用DIY的自助入住登记模式。它与现在电子机票在机场值机柜前自助换取登机牌相同。当客人到达酒店时，不需要去前台办理入住手续，而是到类似机场值机柜的一个信息处理终端机上输入个人信息（主要是身份证和信用卡），就可直接选择客房及所需的服务，然后取出房卡，就可直接入住自己选定的客房。这种DIY模式在美国很常见，比欧洲酒店中应用得普遍。DIY入住方式的出现，是IT技术进步的必然趋势，是电子技术在酒店业应用趋于成熟的不可阻挡的潮流。

在美国，100多家凯悦酒店推出了此类服务，酒店客人在入住时只需要在服务站上进行登记，并且通过触摸屏上的菜单来选择客房服务类别。

洲际酒店集团计划在旗下所有的皇冠假日品牌酒店设置数字登记自助设备，以提供入住办理服务。新的数字系统会在顾客预计入住的当天向顾客发送一封确认邮件，并在邮件中附上条形码信息。在用户使用智能手机扫描条形码或者在数字登记柜台打印条形码信息后，系统会立即询问顾客需要多少张房卡，然后将房卡打印出来。顾客在完成这些操作后就能入住客房。

上述数字系统能为一家提供全服务的酒店带来好处，这些系统尤其适用于那些通常不会向前台工作人员询问任何问题，并且一到达酒店就只想去所订客房的新一代旅行者。但是，对精品酒店或小型酒店而言，设置数字系统无异于浪费资金，因为入住这些酒店的顾客通常都希望获得更个性化的服务。而且，在精品酒店或小型酒店，通常不会出现顾客需要排队等候办理入住手续的情况，因此也就没有必要设置自助登记数字系统。此外，客人选房也可以实现自助化。

随着新技术不断地涌现，酒店经营者需要持续分析哪些工具将有效地提升顾客满意度。一些品牌酒店已意识到，在顾客办理入住的过程中为他们提供客房选择是实现上述目标的方法之一。因此，越来越多的酒店和酒店集团将开发和使用新的技术，允许客人通过在线平台选择客房。以希尔顿酒店集团的希尔顿家木套房酒店为例，在入住家木套房酒店前的36小时内，顾客会收到一封有关数字化入住办理系统的提示邮件。酒店还会在邮件中提供一幅虚拟的楼层平面图，并提醒顾客提前选择他们想要入住的客房。这样，酒店就会知道顾客的客房选择，当顾客到达酒店时，仅需到前台出示他们的ID卡，就可取房卡入住。据了解，这一新技术越来越受到顾客（尤其是商务旅行者）欢迎，在使用数字化入住办理系统的顾客当中，近20%的顾客会通过优选套房服务来选择他们想要入住的客房。

前台的另一个发展趋势是提供直通式服务。雅乐轩酒店经常为优先顾客计划会员提供"智能登记"，会员收到使用无线射频识别技术的验证码，在计划入住的当天，还会收到告知房间号的一条短信。到达酒店之后，客人直接找到房间，输入验证码，便可进入房间。

2. 客房管理的发展趋势

(1) 客房服务社会化。

为了降低成本，不少酒店开始将其客房清洁卫生工作交给专业清洁公司或家政公司。但这种方式局限于中低档或经济型酒店，为了确保为客人提供高质量的服务，高档酒店通常不会采用这种方式。

(2) 行政楼层普及化。

行政楼层也叫商务楼层，是专门接待酒店商务客人及公司高级行政管理人员，并为他们提供特殊服务的楼层。一般来说，商务客人希望所住客房内的设施、物品等适合办公及洽谈。虽然各酒店都为商务客人设有商务中心，但是这些人为了有效利用时间，希望在离客房较近的地方办公，并且避开观光旅游客，有安静而舒适的环境。为满足他们的要求，酒店要努力做好以下几方面的工作：第一，为客人提供与众不同的特殊服务（如为客人提供受过专门训练的秘书服务、私人管家服务、委托代办服务以及免费早餐、下午茶、健身等）；第二，为他们提供更好、更便利的生活以及办公用设施设备和物品等。

通常只有四星级以上高档酒店设行政楼层，但近年来，一些三星级酒店纷纷仿效，在其客房部为光顾酒店的普通商务人士设置行政楼层，提供有别于其他客人的特殊服务，取得了较好的效果。未来，将有更多的酒店加入这一行列。

(3) 客房管理智能化。

首先，客房设施智能化。随着计算机和网络技术的发展，酒店的客人期望获得更多的体验，希望客房里有高清电视或类似 iPad 的数码设备，并希望该设备能够与房间内其他设备（例如，电视、门锁、客房控制、音响系统、电话等）交互使用。客人自带的数码产品也越来越丰富，手机、笔记本电脑乃至 iPad 等几乎成为商务客人的标准配备。这就要求酒店客房提供相应的插座或接口，对此感到不满的客人可能会转而选择新开业的高星级酒店。众多客房智能化控制系统的供货商均能够提供让更多消费者参与并控制房内功能的技术解决方案，客房环境控制包括控温器、电视、电话、高速网络、远程控制、迷你酒吧和客房锁等。

其次，智能手机当房卡使用。未来，智慧手机将可以充当房卡。顾客甚至不需要到前台取房卡，可以在线办理入住手续，然后滑动智慧手机开锁，最后进入客房。希尔顿酒店及度假村和洲际酒店集团旗下的假日酒店等在过去几年都开发了以智慧手机为核心的解决方案，它们将音讯传感器置入客房的门锁。洲际酒店集团一直在进行研发，以制定创新型的方案，而智能手机版的房卡计划是研发项目的组成部分。

（4）客房将为客人提供免费无线上网服务。

21 世纪是网络时代，为了提高酒店的竞争力，越来越多的酒店不仅在大堂等公共场所为客人提供 Wi-Fi 服务，而且在每间客房内为住店客人提供无线上网服务。酒店之间的竞争将不再聚焦是否为客人提供 Wi-Fi 服务，而在于 Wi-Fi 是否免费、网速如何、是否稳定。

（5）更加注重客人的人身安全和健康问题。

如今，旅游者越来越注重自身的安全与健康，因此，客房服务和管理应充分考虑客人的这一需求，采取各种有效的措施和手段，防止恐怖分子、各类犯罪分子、艾滋病人以及各种传染病人等对客人的袭击，确保客人在酒店住宿期间的安全与健康。为了加强对客房的安全管理，越来越多的酒店将在其大堂通往客房楼层的电梯中安装房卡感应装置，无房卡人士上不了楼层，从而为客房楼层增加一道安全保护屏障。

3. 餐饮管理的发展趋势

（1）精简化。

精简化是指酒店餐饮部人员编制的精简趋势。随着竞争的加剧和劳动力成本的提高，酒店不得不通过一岗多能、减少餐饮部人员编制来降低人工费用。各餐厅之间、中西餐厅与酒吧之间，根据营业淡旺时段的不同调配人员。在繁忙时，特别是有重大宴会时，还需要临时从客房部、前厅部、销售部、工程部甚至总经理办公室抽调人员帮忙，以提高人力资源的利用效率。这就会使餐饮管理的难度加大：一是餐饮部员工加班会成为家常便饭，工作量增加，员工会有怨言；二是需要加强对其他部门员工的培训，使他们能够掌握必要的餐饮知识以及餐饮服务的技能、技巧；三是要求总经理设计出合理的薪酬机制，这一薪酬机制不仅要能够调动所有部门从事餐饮服务工作的积极性，还要平衡部门之间以及部门内部的利益分配关系。

（2）社会化。

近年来，社会餐馆发展迅猛，规模不断扩大，档次不断提高，对酒店餐饮经营直接形成压力。在与这类餐馆的竞争中，很多酒店（特别是经营型酒店）由于经营机制、本等方面存在先天不足，往往处于下风，要么不做餐饮业务，要么纷纷将餐饮交给社会餐馆去做。

（3）大众化。

酒店餐饮暴利的时代已经过去，酒店必须放下身段，降低餐饮价格，走大众化道路。为了提供社会大众能够消费得起的餐饮产品，酒店餐饮管理中的成本控制将变得越来越重要，对酒店餐饮管理工作和餐饮管理者提出了新的挑战。

(4) 特色化。

为了在竞争中立于不败之地，酒店必须不断创新餐饮产品，开发出其他酒店和社会餐馆所没有的独特产品。比如内地大部分酒店都有川菜和粤菜，某酒店则从西藏购买食品原材料，开发出藏餐，受到食客的欢迎。为了鼓励餐饮部的厨师不断创新，酒店应为他们提供条件，去其他酒店、社会餐馆参观、学习，将餐饮产品的创新作为一项重要考核指标，与其工资福利待遇、奖金分配以及职务晋升挂钩。由于餐饮产品的生命周期越来越短，为了适应目标市场的需求，酒店餐饮管理人员将加大对市场的调查和分析，不断创新餐饮产品。此外，为了突出酒店餐饮特色，酒店菜单将向特色和有限品种方向发展，这样，不仅可以突出酒店餐饮的经营特色，而且可以减少不必要的人工成本和费用，提高竞争力。

(5) 专业化。

随着人们消费水平的提高，消费者需求的多元化，酒店餐饮经营将走专业化道路，不再只是提供中餐、西餐，而是根据顾客的需求进一步细分化，开设多个不同特色和风味的餐厅，如西餐厅进一步细分化为法国餐厅、意大利餐厅；而中餐厅也根据菜系或地区细分为不同的餐厅，分别提供相应的饮食。

此外，酒店的普通餐饮在与社会餐馆的竞争中处于不利地位，但酒店拥有豪华、气派的环境，在高档宴会特别是婚宴经营中，有明显的竞争优势。正因如此，在激烈的竞争中，国内酒店餐饮收入仍然是酒店营业收入的重要组成部分，它在酒店营业收入中所占比例不仅没有下降，反而有逐年上升的趋势。目前，全国平均而言，餐饮收入占酒店营业收入的40%左右，基本与客房收入持平，在一些酒店甚至已经超过了客房收入，成为酒店营业收入第一大来源。

二、酒店管理的发展趋势

(一) 酒店发展集团化

集团化经营是未来世界酒店业的发展趋势，这是因为集团化经营对于酒店集团和加入集团的单体酒店都有好处。

1. 扩大销售，增加酒店客源

单体酒店往往缺乏销售管道，而酒店集团特别是国际酒店集团在全球范围内有广泛的销售渠道，能够通过集团的预订渠道为单体酒店带来源源不断的客流，这是单体酒店最为看重的。

另外，新开业的酒店由于缺乏营销经费，往往难以开展大规模的宣传促销活动，参与集团的成员酒店则可享受到联合促销的实惠，以较少的促销费用取得较好的营销效果。例如，北京某喜来登酒店开业时，世界各地的所有喜来登成员酒店都同时推出促销这一新酒店的活动，使其影响迅速扩大，建立起酒店声誉。

集团联合营销还可以集中力量，开展大规模的具有影响力的产品开发、广告宣传等营销活动，提高单位营销费用的效益。例如，集团开展的各种顾客忠诚计划、与航空公司联合推出的累计飞行里程计划等，是单体酒店很难实现的。

2. 降低采购成本

酒店集团有自己的采购渠道，可以通过大批量采购，降低酒店用品、设备的采购成本，以低价采购到高质量的酒店设备和用品，从而为酒店提高竞争力和经济效益创造条件。

3. 学习先进的管理技术，提高管理水平

酒店集团拥有丰富的管理经验、先进的管理理念和管理模式，以及高水平的管理人才，不仅能够确保酒店的服务质量和管理水平，而且可以通过共享集团所有的培训资源和人力资源，帮助成员酒店提高人才素质，为酒店未来的发展培养服务和管理人才。

4. 避免市场过度竞争

在一个行业中，如果存在数量太多而又缺乏差异化的企业，必然导致企业在广告宣传、价格、销售让利等方面过度竞争，从而降低行业的总体利润水平。而通过横向一体化，减少竞争者数量，并借助集团的综合实力提高各企业的差异化水平，能够更好地满足市场的需求。这是一个行业得以健康发展的关键。目前，我国酒店业的恶性削价竞争在很大程度上是由于行业过于分散而导致的。

5. 解决酒店发展中的融资问题

由于集团所拥有的品牌信誉会降低企业在筹资时的代理成本，因此，集团酒店在经营领域和金融市场比单体酒店具有更大的成本优势。此外，集团化对于酒店集团也有好处，具体如下：

（1）借以扩大企业规模，实现规模经济。

在人力资源方面，由于管理人员管理幅度的扩大，可使平均管理费用下降。此外，可以相互调配人力资源，在集团人力资源的季节性、结构性使用方面达到最佳效果。在采购方面，通过集中采购（从家具、地毯、窗帘、床单、床罩，到墙纸、装饰物、带镜框的风景画等），一方面可以严格监控质量，保证企业的质量水平，另一方面可以通过批量采购降低成本。

（2）实现非资本投资收益。

通过集团的管理技术输出，可壮大企业品牌，实现非资本投资收益。

（3）通过品牌延伸、产品线延伸及多元化经营实现范围经济。

范围经济是指企业进行多元化经营、拥有多个市场或产品时，联合经营要比单独经营获得更多的收益。在集团化进程中，由于企业品牌声誉的扩大，产生了未被充分利用的市场，而现有产品与满足这些需求之间存在关联性，从而有可能顺利实现产品线延伸，进而实现跨市场和产品的多元化经营。如假日酒店集团由汽车旅馆向豪华酒店及其他领域延伸，目前已发展成为一家涉足食品、住宿、交通、旅游等多个行业的综合性大公司，旗下有多个品牌。地中海俱乐部由非营利性的运动协会发展成为集度假村、游船公司、旅游等于一体的度假王国。集团在扩充收益组合的同时，还可以带来规避风险的好处，在动荡不安的市场环境下保持足够的竞争实力。

（4）通过纵向一体化，降低酒店交易成本。

通过与上下游企业的一体化，使许多交易得以在企业内部完成，从而降低企业与供应商、销售渠道的交易成本，使企业保持更大的成本优势。

（二）酒店市场细分化

21世纪，客人对酒店服务的要求将越来越高，这将迫使酒店市场进一步细分，以最大限度地满足不同类型客人的不同需求。传统的一家酒店以一种模式接待所有客人的时代将一去不复返，酒店市场将被分为商务酒店、旅游观光酒店、度假酒店、青年旅馆、经济型酒店、豪华酒店、精品酒店、特色酒店等多种类型。不仅如此，同一家酒店还会被分为行政楼层、女性楼层等，客房被分为儿童客房、长者客房等。不仅客房的硬件会发生变化，而且服务的内容和方式也会发生重大变化。

（三）酒店业发展绿色化

近年来，绿色管理已风靡全球酒店业，犹如一股势不可挡的世纪浪潮，席卷全球。国内外不少酒店纷纷实施绿色管理战略，成效显著。国际酒店与餐馆业协会将绿色管理列为热点议题；一批为酒店"绿色化"提供咨询服务的专业机构、专业刊物也应运而生；互联网上的一些有关酒店业的著名网站均将绿色酒店作为重要内容介绍等。进入21世纪，绿色管理不再仅仅是一种时尚选择，而是酒店为取得竞争优势、赢得顾客、占领市场所必须采取的一项管理战略。

此外，政府为了保护环境，走可持续发展道路，制定了一系列法规政策，限制了企业为单纯追求经济效益而忽视环境效益的种种做法，使得酒店必须调整管理战略，重视环境管理，实施能长期实现利润最大化的绿色管理战略。

实行绿色管理，企业可能需要添置一定的设备，增加一定的成本和费用，但也可以在许多方面节约费用，带来可观的经济效益，对于酒店来说更是如此。

绿色消费的兴起，使得旅游消费者对"绿色"情有独钟。消费者的绿色偏好对酒店来说，既是市场压力，又是市场卖点，酒店实施绿色战略既迎合现代顾客的"绿色"需求，又可为酒店创造经济效益。

因此，从环境成本和风险、政府法规、市场力量、公众压力等外部因素分析，酒店实施绿色管理战略势在必行。世界旅游组织可持续发展委员会已在全球酒店行业推广"持久旅游证书"（又称"绿色图章"），规定"酒店必须在周围环境、硬件设施、服务质量等各方面都符合保护环境和生物多样性的要求之后才能获得这个证书。一旦获得此证书，酒店的等级和名望将得到更好的认可"。新版《旅游饭店的星级划分与评定》标准也特别强调酒店客房的绿色管理，"倡导绿色设计、清洁生产、节能减排、绿色消费理念"。酒店绿色经营主要表现在以下方面：

（1）选择那些同意将其产品废弃物减至最少的供货商，或者坚持让生产厂商将不必要的包装减至最少或重新利用。

（2）注意回收旧报纸、易拉罐和玻璃瓶等，并将有机物垃圾专门堆放在一起。

（3）合理安装各种设施设备，减少能源浪费现象。

（4）酒店重视使用各种节能设施设备及节能新技术，如节能灯以及各种自动化控制的节能设施和技术。

（5）节约用水。严格控制客房淋浴喷头、洗脸盆龙头以及马桶抽水每分钟的出水量。在酒店建设、装修和改造时，注意选用节水型卫生洁具。

（6）鼓励住宿超过一天的客人继续使用原有的毛巾，或不更换床单，以减少清洗所需的水和洗涤剂用量。

（7）减少客房整理次数。国内一些酒店为了体现档次和服务质量，盲目地要求服务员每日多次进房整理，结果不仅增加了服务成本，造成资源的浪费，而且常常引起客人投诉

（妨碍和影响了客人的工作和休息）。其实，当客人只住几天时间时，不仅床单、枕套以及卫生间浴巾等不必天天更换，香皂、牙具、梳子等用品也根本没有必要天天更换。

（8）减少使用含氯氟烃的产品、含氯漂白剂和漂白过的布草。

（9）尽可能使用有利于环境保护的商品和可再生利用的产品。如将客房放置的洗衣袋从塑料制品改为纸制品，或用可多次使用的竹篮或布袋代替。

（10）改变客房卫生用品的供应方式。传统酒店的卫生间每天都要为客人配备肥皂、罐装浴液和洗发液等卫生清洁用品，凡是客人用剩的都要扔掉，既浪费了资源，又污染了环境，应改用可添加清洁剂的固定容器，减少浪费。

（四）酒店营销网络化

1. 酒店质量评价网络化

随着网上预订酒店逐渐成为潮流，越来越多的客人习惯参考网上的酒店点评信息来选择酒店。携程网的调查显示，网络订房在酒店订房量中所占比例越来越大，有近八成的客人表示在预订酒店前会参考酒店点评信息。事实上，对于网络订房者而言，其他住客的体验评价将成为他们是否入住的重要参考。房间大不大，是否通风，是否整洁，有没有特色，服务质量好与坏，看一下网络上大多数人的评价便一目了然。而且，客人在选择酒店时就如同网上购物一样不会只参考一家网站的点评。目前，旅游网络在线平台日渐成熟，网评已悄然成为继价格、位置之后，人们选择酒店的又一重要参考因素。相对于传统的在酒店客房放置"征求客人意见表"的方式而言，网评的影响更为广泛，其内容也更为客观（点评无论好坏，只要已经发表，网站一般不删除，以维护酒店网络点评的真实性和客观性），正因为如此，酒店管理者对于网评这一新的服务质量评价形式更为重视，不敢怠慢。尽管在不良的信用环境下，网络环境并非一方净土，一些网站因与酒店存在利益关系而操控其评价体系，但是越来越多的酒店将其作为提高服务质量和改善经营管理的抓手。

当然，一则点评，往往说明不了问题，但多则点评，尤其是某个时间段内多家网站的多则点评，则能揭示酒店服务质量的真实面貌。面对各种网评信息，酒店管理人员既不能抱怨，也不能漠视，而要积极、理性地进行分析和反思，找出服务质量的差距所在。

由于网评信息能较真实地反映酒店服务质量的症结所在，酒店一线部门负责人应定期召集各班组管理人员和员工共同讨论每期网评中具有代表性的宾客意见，并把网评信息作为日常培训的内容。例如可以每月或每季度安排专人收集网评信息数据，统计整理后公布，并将网络点评案例作为培训内容，做到有的放矢，让所有员工切实了解客人的真实评价，并解决存在的问题。酒店管理人员充分重视网评信息，利用网评作为检查自己酒店服务质量的一面镜子，是当今加强酒店服务质量管理的重要举措之一。

2. 新媒体营销将成为酒店营销新趋势

新媒体包括微博、微信、微电影等，新媒体营销的最大特点是传播速度快、成本低、渗透性强。随着互联网技术和移动终端技术的发展，酒店利用新媒体进行营销将成为趋势。

新媒体营销的优势在于：首先，有益于品牌的传播。新媒体通过网络进行传播，运用恰当的形式在网上增加曝光率，有助于品牌传播，展示酒店形象。其次，有利于培养潜在客户。虽然新媒体的使用群体以年轻人为主，似乎无法给高档酒店带来直接的、大额的经济效益，但是有利于培养潜在客户，积累其品牌忠诚度，扩大影响面。

新媒体营销也有其局限性：首先，从年龄上看，新媒体的受众绝大多数是年轻人，而高星级酒店的客源绝大多数是中年人，他们往往身居要职，工作繁忙，并不能像年轻人一样花很多的时间去关注网络。另外，绝大多数年轻人的消费能力不足以支付高星级酒店高昂的费用，这个群体的实际需求与该渠道并不完全对接。其次，许多人都视自己的微博、微信为私人工具，对于频繁的刷屏信息是非常抵触的，这在一定程度上抵消了网络传播的影响力。因此，在互联网时代，酒店开展新媒体营销应坚持"服务是本"。服务差的酒店一旦被网友爆料，新媒体营销做得越是风生水起，结果越是惨不忍睹。

（五）酒店经营特色化

特色化是未来酒店经营的重要发展趋势。特色，可以使酒店脱颖而出，可以使酒店迅速占领市场，可以给入住客人留下深刻印象。特色化可以来自酒店的独特设计，可以来自酒店的服务方式，也可以来自酒店独特的地理位置。

（六）收益管理普及化

收益管理能够使酒店的客房信息等数据得到最有效的利用，使酒店管理从经验管理上升为科学管理，从而较大程度地提高酒店的经济效益。因此，越来越多的酒店及酒店集团将日益重视并实施收益管理。正如万豪国际集团董事长兼 CEO 所言："收益管理不仅为我们增加了数百万美元的收入，同时也教育我们如何更加有效地管理，酒店最高层必须对酒店施行收益管理，CEO 则需要百分之百地支持这项工作。"从发展的现状和趋势来看，收益管理已经从一种管理思想转化为一种先进的计算机管理系统，好的酒店计算机管理系统都会包括收益管理内容。

（七）入住登记"手机化"

移动入住方式目前仅在少数品牌酒店和单体酒店中得到应用，但未来几年将在整个酒店业实现迅速扩张。

近几年来，虽然酒店中的入住办理自助设备和其他替代前台的方式越来越常见，但一些主要酒店品牌开始更大范围地将移动技术整合到旅游体验中。与此同时，一些第三方技术供货商为酒店和分销商提供了办理移动入住的工具。万豪酒店计划于 2014 年上半年在全球 500 家酒店启用移动入住办理系统，至少对"万豪礼赏计划"会员开放此服务。其会员可以通过万豪移动应用办理入住手续。抵达酒店后，房卡已经准备好，放置在一个专用的移动入住办理台上。凯悦酒店集团也采用了类似的做法，他们给到达酒店的顾客提供自助获取房卡的机器。

第三方同样也在开发移动入住技术。加州山景城的 Check Mate 曾发布一款移动入住平台的测试版，它能为加州一小部分酒店提供办理移动入住手续的服务。顾客可以发送房间要求、入住时间并添加忠诚计划会员号或其他特殊要求。该技术和所有酒店的 PMS 系统兼容，每天会给酒店发送一份关于入住顾客的报告，并在顾客入住的前一天以酒店的名义给他们发送定制化邮件。在入住当天，酒店会查看这些信息，并可以提前安排好房间。

总之，酒店的移动入住手续激发了业界对于前台业务的重新思考。

复习思考题

1. 什么是收益管理？如何进行收益管理？
2. 酒店应建立什么样的收益管理机制？
3. 请分别试述酒店服务和管理的发展趋势。
4. 智慧化管理将如何影响酒店未来的经营？

参考文献

[1] 刘伟. 酒店管理 [M]. 北京：中国人民大学出版社，2014.

[2] 傅生生. 酒店管理 [M]. 上海：上海交通大学出版社，2011.

[3] 姜文宏，刘颖. 前厅客房服务 [M]. 北京：高等教育出版社，2015.

[4] 姜锐，尚群. 现代饭店管理实务 [M]. 武汉：武汉理工大学出版社，2010.

[5] 韩军，翟运涛. 客房服务与管理 [M]. 上海：上海交通大学出版社，2011.

[6] 黄英，林红梅. 饭店客房管理实务 [M]. 北京：清华大学出版社，2010.

[7] 欧阳驹，沈永青. 前厅、客房服务与管理 [M]. 武汉：武汉理工大学出版社，2011.

[8] 刘哲. 康乐服务与管理 [M]. 北京：旅游教育出版社，2009.

[9] 万光玲，曲壮杰. 康乐经营与管理 [M]. 沈阳：辽宁科学技术出版社，1996.

[10] 朱瑞明. 康乐服务实训 [M]. 北京：中国劳动社会保障出版社，2006.